幸せを考える100の言葉

自分をもっと楽しむヒント

精神科医・医学博士
斎藤茂太

青春出版社

どんなことでも、
考え方次第で道は開けます

本書では、〝心の名医〟として、
「楽しく、自分らしく生きる方法」を
多くの方に伝えてきたモタさんの言葉の中から、
〝幸せを考えるためのヒント〟となるものを集めています。
それらの言葉は、モタさんの豊富な人生経験が基になっています。
「自分にとって、幸せとはなにか」その答えを探しながら、
本書を読み進めていただければ、
どんなときでも人生を楽しんで生きる
「心の使い方」が身につくはずです。

『幸せを考える100の言葉』　目次

第1章

「好奇心」が人生を面白くする……13

第2章 「視点を変える」と見えてくるもの ……47

第3章

「チャレンジ」は人生を動かすエネルギー……79

第4章

第5章

「ほどほど思考」で人生が好転する

第1章

「好奇心」が人生を面白くする

1 新しいものを見つけることは、人生が豊かになること

「私は好奇心のかたまりです」

そういうと、なんだか、人間としての品格があまりない、薄っぺらな性格のようにとらえてしまう人がいるようです。

けれども、少し冷静に振り返ってみて欲しいのです。人間がここまで進歩してきたのは、好奇心があったからではないでしょうか。

もし、人間に好奇心がなかったら、アフリカの大地に生まれたという話の最初の人間たちは、危険を冒してまで地平線の遙か向こうに旅に出ようとは思わなかったことでしょう。また、歴史を動かした人たちも、みんな好奇心あればこそ新しいことに挑戦してきたのです。

文明でも文化でも、発達したきっかけは好奇心と偶然の積み重ねだと思います。それは、生き物として当然のものなのです。

生まれたばかりのあらゆる生き物は、なんにでも好奇心を持ちます。なんにでも触って、なんでも口に入れてみて、そうやって少しずつ学習していくわけです。

人間もまた、そういう赤ん坊のような好奇心を持ちつづけた人たちが、新しい世界を発見して、新しいものを見つけ、新しい社会を作ったのだと思います。

自分のふだんの仕事や生活にも、そういう先人たちの感覚や好奇心の「タネ」のようなものをとり入れられれば、きっとまわりが違って見えてくると思います。

「歴史を変える」、そんな人たちの発想も、じつはささいな日常から生まれていることを知れば、私たちの日常も、背伸びすることなく変えられるということがわかると思います。

人生のキーワードはなんといっても「好奇心」です。そこからすべての「新しいもの」が生まれ、現在ある世界を形作っているのです。

古代ギリシャの哲人・ソクラテスは、恐妻家だったとよくいわれています。そのために、妻がいる家に帰るのが嫌で、毎晩町をさまよい歩いて、さまざまな哲学的思索や多くの人たちとの問答が生まれたというのです。

歴史というものは、意外にもそんな身近な偶然から変化しつづけているのではないでしょうか。

2 とにかく出かければ「出会い」がある

世の中には出無精《でぶしょう》な人というのがいます。

そういう人は、みんなでどこかに行こう、という話が持ち上がると、「私は出無精でねえ」などといって、せっかくのみんなの盛り上がりにすっかり水をさしてしまうことがあります。

また、年をとると、どうしても外出が体に負担になるので、「出無精だから」といって、尻込みをしてしまう人も少なくありません。私は、そういう人は、せっかくの出会いのチャンスをたくさん逃していると思うのです。

確かに、私もかつてはヒザの痛みがあったりして出かけることがおっくうになりかかったことがありました。じつは、そんなときに私の病院の運転手をしてくれていた人が、病気で退職することになり、思いがけず、自分の足で歩き、バスや電車を利用するという生活にもどることになったのです。

自動車に頼っていた間に、足腰はすっかり弱くなっていて、駅の階段を上るのさえ、正直いってかなりつらく感じました。

けれども、私はそのつらさより、自分の足腰が思っていたよりだいぶ弱っていたことに驚いて、「これは足腰を鍛え直す、いい機会だ」と鍛練をしはじめたのです。

都心で会合があるときには、バス停まで歩き、バスに乗って駅まで行き、そして電車で都心に出かけたのです。

ふつうに生活をしていればだれでもやっていることなのですが、しばらくバスや電車から遠ざかっていた私にとっては、その道すがらで、まさしく好奇心の対象がたくさん見つかったのです。

バスの乗客、駅の変化、車窓からの風景と、自動車を利用していたのでは見ることができないものがどんどん私の目に入ります。

それを、私は片っ端から手帳にメモしていきます。これが楽しくてしかたがないのです。出かけるだけで、いくらでも楽しみに出会えることの喜びを私はあらためて痛感したのです。

3 見慣れたものでも、違った角度から見てみる

私は「メモ魔」としては、かなりの自負を持っています。これは、父・茂吉の影響もあったと思いますが、ふつうの手帳に、毎日、気づいたことをどんどんメモしていくのです。

たとえば、バス停に行くまで、道ばたにどんなものがあったか、タバコの吸いがらが何本落ちていたか、などということも、「おや、いつもより多いな」と気づいたらその場でメモをします。すると、落ちている吸いがらの数も曜日によって違っていたり、季節によって変わったりすることがわかるのです。

バス停に行けば、時刻表をメモします。これも、ときどき時刻が変わるのが楽しみにさえなります。

駅に行けば、このごろ進められているJR中央線の高架化工事のために、改札の位置や階段の位置、ホームの位置まで変わるので、面白くてしかたがありません。

必要なときには、手帳の右のページに平面図や見取り図を描いたりもします。

ことほどさように、「面白いこと」との出会いはいたるところで見つかるのです。ふだん見過ごしているようなことでも、ちょっと見方を変えるとそれだけで自分だけの発見に

なります。

これも私は好奇心がさせることだとつくづく思います。見慣れたものを、違った角度で見てみる、この好奇心だけでも、世の中はずいぶん違って見えてくると私自身が証明しています。

4 一度きりの人生だから、楽しみ味わいながら過ごす

私は、旅行が大好きなので、地方から講演の依頼があると、都合がつく限り、喜んでうかがうことにしています。最近は体力も考えて多少セーブしていますが、私にとって地方に行くことは新発見の連続です。

なにしろ、東京を離れるということだけでも、日常の煩《わずら》わしさから上手に逃れられるので、精神的にもずいぶんプラスになるのです。

私があまりにもホイホイと「地方巡業」に出かけるものですから、家内などは一時、安請け合いのし過ぎじゃないかといっていたほどです。

九州でも北海道でも、数週間のうちに同じ町に何度か行くことになっても、私は「心も

軽く、身も軽く」飛んでいくのです。

出無精派の人は、たとえば、「みんなであの温泉に行こう」というと、「あそこは二度も行きましたから今回は遠慮します」などということがあります。

もし、月に二度も同じところに行ったのなら、さすがにそこは遠慮する、ということもあるかもしれませんが、一年前、二年前に訪れたところなら、温泉地だってきっとずいぶん変わっているはずです。

数年前に一度行ったのでもう満足です、という人もいますが、私は、もったいないなあ、と思います。

再びでも三たびでも訪れれば、そこにはきっと新しい発見があるはずだからです。なにしろ、私が自宅の近所でバスに乗るだけでも、いろいろな発見があるくらいなのですから。ましてや、テレビで温泉紀行を観たからもうたくさん、というのではせっかくの一度きりの人生が泣くというものです。じかに景色を観て、おいしいものを食べれば、人様がリポートしたものとはまた別の感慨が湧いてくるはずです。

よく、東京生まれ、東京育ちという人が、「東京タワーはできたときに上ったから、もういい」というのを聞きますが、当然ながら何十年も前とは東京の街の風景がまったく変わっています。

その日の天気によっても、あるいは昼間か夜かによっても目に映る光景は姿を変えるものです。東京タワーひとつ例にとっても何度でも楽しめるわけです。

だれもが同じ、たった一回の人生を、何度も楽しみながら味わいながら過ごすか、それとも一回経験しましたからもうけっこうです、で過ごすのか、どちらが楽しいかおわかりだと思います。

人生は、ちょっとした好奇心でいくらでも楽しくなるのです。

5 世の中、老け込むヒマがないほど面白い

私がはじめて世界一周の船旅をしたときには、じつにいろいろな方とお会いすることができました。九〇日以上も、同じ船に乗っているので、その方々のいろいろな人間的な面に触れることもできました。世界一周をしようというくらいの乗客たちですから、中には、ずいぶん好奇心旺盛な方が多く、私にも大変刺激になりました。

いちばん印象的なのが、船の上でお会いした八十歳くらいのご婦人でした。

ご主人とは死別されて、一度は老人ホームに入居されたそうです。けれども、まわりの

人たちが病気の話ばかりするのでつまらない、と早々に引き払って、その後はマンションで一人住まいをされているということでした。

彼女は船の生活を思いっきり楽しまれていて、船の中の美容院にも通い、若々しく活発で、夜ごとカジノに通ったりされていました。自称「不良ばあさん」でしたが、いかに好奇心が大切か、私もあらためて実感しました。

とにかくその方は私にはとても生き生きとして見えたのです。好奇心を保っていれば、年齢など関係なく「素敵な不良」にもなれるということですね。

年齢が私よりずっと若い人でも「この年では、新しいことをやる気が起こらない」という人がたくさんいます。

私から見ると、そういう人は自ら人生の幅を狭めているように思えます。何歳になっても、なんにでもチャレンジすることができるということを、「不良ばあさん」から伝授してもらいたいほどです。

好奇心をなくして、チャレンジをいっさいしなくなったら、いったいなんのための人生かと、ときどき考えたりします。私にいわせれば、「世の中、老け込むヒマがないほど面白い」のですから。

世の中には仕事をリタイアするくらいの年齢から一念発起《いちねんほっき》して、コツコツと努力を重ねて歴史に名を残すほどの偉業を達成した人が、それこそ枚挙に暇《いとま》がないほどいるのです。

6 人生は「遊び」が基本でいいのです

だいぶ少なくなったとはいえ、日本人には、まだまだ「仕事が生き甲斐」という人が多いようです。それはそれで、打ち込めることがあるのはいいことです。あまり、ストレスがたまり過ぎないように、また、家族の関係にしわ寄せがいかない程度であれば、ご本人が仕事で充実感を得ることができるのはいっこうに問題ないと思います。

問題は、仕事には必ず終わりがくるということです。会社勤めであれば、いつか定年になるし、自営業でも、体力的に潮時というものがくるでしょう。

そして「仕事が終わった」ときに、自分がその日からなにをすればいいのかという目標を失う人がとても多いのです。

中には、定年になったとたんに、それまでの張り合いがなくなって、体調を崩したりする人もいます。それまで、企業の管理職としてバリバリやっていた人が、空気の抜けた風船のようになってしまうのです。これなどは「燃え尽き症候群」の一典型かもしれませんね。

ところが、趣味がひとつでもあればかなり違ってきます。

なにしろ趣味には「終わり」というものがありません。いつまででもつづけられますから、定年後に時間を持て余すということもないのです。反対に、早く定年にならないかとその日を待つくらいの気持ちです。

中には、自分にはまだまだ先の話と考える人もいるでしょうが、日本はこれだけ長寿国になったのですから、五十代になったらきちんとリタイア後の人生設計についてもみんなで考えるべきなのです。「人間の本質は遊びにある」と、『中世の秋』の名著で知られるオランダの歴史家ヨーハン・ホイジンガ（一八七二～一九四五）がいみじくもいっています。このことは、遊びから好奇心が生まれ、人格も人間社会も形成されていくということだと、私は納得しています。

人生は「遊び」が基本でいいのです。遊びという言葉に対して、日本人はまだまだ誤解が多いのです。

とかく「趣味」というと、なにかの知識とか技術が必要になるのではないか、と思われがちですが、単なる「遊び」だと考えれば納得するでしょう。

なにかに興味を持って遊んでいるうちに、きっと「なぜだろう?」「どうしてかな?」「こうしてみよう」という思いや工夫が必ず生まれてきます。

すなわち、好奇心がどんどん湧いてくるのです。
無心に、子どもの気持ちにもどって遊べば、好奇心も刺激され、どんどん楽しくなる、これが、好奇心が人生を面白くする秘密なのです。

7 好奇心さえあれば、足下からなんでも発見できる

私は、地面を見ながら散歩をするのが大好きです。私の異名は「下を向いて歩く男」というくらいですから。

なにを探しているのかというと地面に落ちているどんぐりや小さな種を拾って、持ち帰るためです。持って帰ったら、病院の中庭などにそれを植えます。

どんぐりはだいたいどんな木が生えるか予想もつきますが、小さな種は、何の種だかよくわかりません。芽吹いて、葉っぱを広げるときまでが楽しみなのです。

私の自宅の近所に浅間山《せんげんやま》という小山があります。そこが私のお気に入りの散歩コースです。小さな自然さえあれば、散歩で下を見て歩くだけでも、こんな発見とそのあとの楽しみがあるのです。

私のお得意の「どんぐりの好奇心」には、偉大な先輩がいます。私のような人間と比較するのもおこがましい限りなのですが、その人は、名著『昆虫記』で有名なアンリ・ファーブルです。

ファーブルの生家は今でも当時の面影が保存されているそうで、そこには、幼年期のファーブルが、列を作って地面を歩いていく、ギョウレツケムシという虫をしゃがんで観察するようすが銅像として設置されているそうです。

ファーブルは、昆虫以外にもずいぶんといろいろなものに興味を示し、観察して記録しています。

この記録という点で、私は、ファーブルの感覚にほどほど近いものを持っているんではないかとひそかに自負しているのです。

8 「ほんとうのこと」を知りたければ、自分の感覚を大切に

ファーブルが五歳くらいのときの発見を彼自身が書き残しています。ちょっとご紹介しましょう。

ある日、幼い彼は太陽のほうを見て考え込みました。この太陽の光は口で味わっているのか、目で楽しんでいるのか、ということをです。

そこで、彼は口を大きく開けて、目を閉じてみました。すると太陽の光はさえぎられます。今度は目を開くと、太陽がまぶしく感じられます。そして、彼は自分が太陽の光を目で感じていることを発見し、家中の人に報告したというのです。

確かに、彼のこの「実験」には、子どもとしてのあどけない好奇心だけでなく、人体の機能を確かめるという重要な意味がこめられています。

そして、この実証の方法論は、後に、彼の博物学の中心になっていきます。なにごとも自分の感覚で実証するということがどんなに大切なことかを、ファーブルはきっといいたかったのでしょう。

さらに、十歳のころ、彼は両親とともに人の多い別の町に移ります。

彼にとって、それまでの田園での自然に恵まれた生活とは離れなければならなかったわけですが、礼拝堂の仕事を幼い彼がはじめたことで、無料で学校に入ることができました。そして、そこではラテン語やギリシャ語を学ぶことができたのです。

そんな町の生活の中でも、ファーブルは、授業のない日に野原に出かけてサクラソウのなかまが咲いたかどうか、ムネアカヒワという小鳥がひなをかえしたかどうかを調べに行くことは怠っていなかったのです。

私は、こうしたファーブルのほんの一部をうかがい知るだけでも、先に触れた私自身の「足下観察散歩」と、なぜか共通の感覚を感じてしまうのです。ようするになにかが起こっているはずだから、それを見に行きたくてしかたがないという強い好奇心なのですね。

9 観察力は命を守る力になる

ファーブルがその観察力を発揮した有名な事件があります。

彼が博物学の研究をしていた三十歳過ぎ、南仏プロヴァンスのアヴィニョンに住んでいたころ、ヴァントゥー山に登山したときのことです。

植物学者や昆虫学者の一行七人とともに、彼は観察のために登山したのですが、この山は霧が発生しやすく、崖から転落する危険もある山だったのです。

その危険な山で、一行は濃い霧の中に巻き込まれてしまいました。折悪しく雨も降りはじめて、全員ぬれねずみになりました。

ファーブルが、その一行の中ではその山に関して、いちばん経験があるということで先頭に立ってジャスと呼ばれる避難小屋を目指したのですが、濃い霧と、迫る闇のためになおさら方向がわからなくなってしまいました。

そのまま夜を過ごしたら凍死してしまうかもしれないという状況です。

そんなとき、彼は、雲が出てきたのは南の方角だったことを思い出しました。そして、一行の体のどの位置が雨でぬれているかを確かめることで、南の方角を割り出して、ようやく避難小屋にたどりついたというのです。

その方法は、もし雨を一定の方向から受けていたのなら、風向きは変わっていなくて、体のぬれている位置も一定だろう、という着想でした。そして、見事にその着想は的を射ていたのです。

彼の好奇心、そして観察力は博物学者のみなさんの生命を危うところで救ったというわけです。

ファーブルの、昆虫をはじめとする生き物についての観察のみごとさ、たぐいまれな好奇心から生まれる感性の鋭さは、まさに、私の「好奇心道」のお手本そのものだということです。

10 趣味が人生を二倍楽しくする

好奇心というものの本質は「遊びごころ」でしょう。

子どもは遊びを通してこころも体も成長します。外で思いっきり遊ばない子どもは、あとあとこころと体のバランスをうまくとりづらくなるものです。このバランスを欠くと、生きることに対して消極的になったり、悲観的になったりするのです。

本書では、好奇心で人生を楽しく生き抜いた人の例として、ファーブル、エジソン、松尾芭蕉などについて紹介しますが、いずれの人も最初は単純な遊びから入っているのです。

子どものような発想で、「こうすれば、面白いんじゃないか」「あっちにいけば、楽しいかもしれない」「こういうふうに変えてみよう」というチャレンジをした結果、さまざまな発見や発明が生まれてくるのです。それもこれも、「遊びごころ」から湧き出しているのだと思います。実際、ファーブルもエジソンも、子ども時代は他の子どもと同じように、自分なりの遊びを見出して、そこに没頭したのです。

遊びから趣味へ、またそれが仕事に発展したりすることもある、そういうところに、無理に境界線を引かなくてもいいのではないかというのが私流の考えです。

もし、仕事に楽しみを見出せる人なら、仕事をして楽しんで、その他の趣味でも楽しめて、人生が二倍楽しめるわけです。

一方で、つらいことばかりがある仕事をしていても、そのストレスを減らしてくれるのが没頭できる趣味＝遊びです。寝ても覚めてもつらい仕事のことばかり考えていたら、ほんとうに滅入《めい》ってしまいますが、趣味があればそれが救いになります。

つらいはずだった時間が、楽しみの時間になるのですから、やはり人生が二倍楽しくなるのです。

11 「楽しみ」は身近なところに隠れています

ものの見方を変えれば、人生が二倍楽しめると書きましたが、これには多少、コツが必要かもしれません。

たとえば、一度訪れたことのある温泉地には、もう一度行きたいとは思わない、といった人は、もっと身近な環境の変化にも「出無精」なのかもしれません。そこで、身近なところで周辺観察の「予行演習」をやってみることをおすすめします。

ふだん見慣れた町の風景は、とくに見るべきところもない、と考えられがちですが、とんでもない！　数限りない新発見があるのです。

毎日歩いている道があるとしましょう。たいていの人が、駅までの道のりは同じ道を歩いているでしょう。同じ道を、「毎日変化がなくて退屈だな」などと考えながら歩けば、確かに退屈な道です。

ここで、ちょっとした好奇心を発揮してみたいのです。

いちばん手軽な方法が、「いつもの道とは違う道」を歩いてみることです。その道が少しばかり遠まわりでも、そのぶん早目に出かければいいのです。

新しい経験のためです。まずは思いきって行ってみましょう。中には、いつもの道のすぐ裏に、一度も通ったことがない裏道があるのではないでしょうか。遠まわりの裏道なんて、だれも入らないものです。だからこそ、そこを通ってみるのです。

はじめて見る家が並び、思いがけないところに洒落た店があったり、可愛い子犬が飼われていたりします。

丹精こめた鉢植えの花や、きれいな花壇を見つけたり、アート的な外観の家を見つけたら、きっと、その道は新しい散策ルートにもなるでしょう。

楽しみは、こんなに近くに隠れていたんだと、きっとワクワクしてくると思います。今まで通らなかったことを後悔するかもしれません。

知っているつもりの町も、新鮮な発見に満ちているのです。

12 いい陽気の日には、となりの駅まで足を伸ばす

自分が住む町は、すみずみまで知り尽くしていて、たいして新鮮味がないとおっしゃる方には、もうひとつ、手軽な近場探険法があります。

それは、となりの駅まで足を伸ばすという方法です。もちろん、駅と駅との距離があり過ぎるというときには、バスで途中まで行ってみるとか、工夫が必要です。なにしろ、電車で通り過ぎている町並みにも、発見があるということです。

いつも、電車の窓から看板は見ていたけれど、行ったことがないお洒落な店とか、入ってみたいなと思っていたそば屋とかラーメン屋、すし屋というのがひとつやふたつはあるはずです。きっとそのうち行ってみよう、とは考えているのですが、駅と駅との中間にあったりすると、まず訪れることはありません。

そんな、気になる場所に行ってみようという発想です。

ふだんの通勤や通学の途中に、というわけにはいきませんが、休みの日に家族でも誘って、近場の「探険散歩」を楽しんではいかがでしょう。

きっといろいろな思わぬ発見があるはずです。好奇心を働かせて、裏道に入ってみれば、さらに探険気分が盛り上がります。

意外なところに美しく手入れされた公園があったり、きれいな小川が流れているのを見つけることができれば、その日の探険は大成功といえるでしょう。

商店街からはずれたところにあるパン屋や豆腐屋が、これも意外と掘り出し物の「行列店」だったりします。そんな発見があれば、わが町や、となりの町でも半日も歩けば、十分に旅気分が味わえるのです。

13 ひと駅歩くだけで「探険」がはじまる

自宅からわざわざそんな目的もはっきりしない「探険」に出発するというのも、なんだかきっかけがないとおっくうで、という人もいるでしょう。そういうときには、もうひとつの方法があります。

少し予定より早く帰宅できたときなどに、下車駅のひと駅手前で電車やバスを降りてしまうのです。これなら、そこからひと駅、歩いて帰るしかありません。時間さえあれば、いつでもチャレンジできる「探険」です。

ちなみに、人が歩く速さというのは、不動産屋の広告などでは「一分＝八〇メートル」で換算してあるのですが、散歩ではそんなに速く歩けません。

店や路地をのぞきながら歩くのですから、人によりますが、だいたい一キロメートルを三〇分くらいで歩くつもりで考えればいいでしょう。

手作りの豆腐屋で、豆腐と油揚げでも買って帰って、ちょうど晩ご飯のしたくに間に合うくらいの時間を予定すればいいのです。

駅と家との間は毎日最短距離で往復するもの、という発想をちょっと変えるだけで、これだけの楽しみが生まれます。

14 「一+一=二」ではない

いつもやっているふだんの発想を変える、当たり前のことを別の角度から見るという好奇心の基本を、人類の歴史の中でもいちばん発揮した人は、発明王トーマス・エジソンではないかと私は思っています。

ところが、彼の人生は、「発明王」の名声の輝かしさとは少しイメージが違う、きわめてユニークなものでした。

彼の独特な好奇心は小学生のときからはっきりとあらわれました。入学してすぐに、小学校を退学することになってしまったのです。その在学期間は、三カ月とも半年ともいわれていますが、とにかく短かったのです。

彼は、学校での教育についていけなかったのではなく、学校教育の発想そのものと違う発想を持っていました。

よく知られているのが知る人ぞ知る「一+一=?」の出来事です。

トーマス少年は、病気のために小学校に行くのが遅れ、八歳で入学しました。

他の子たちより年上だったことも手伝ったのか、トーマスは、先生を質問攻めにする、先生泣かせの子どもだったといいます。

たとえば、その質問とは、先生が「一＋一＝二になります。わかりましたか」と教え、他の生徒たちは、声をそろえて「わかりました」と応えているのに、トーマス一人が、「どうしてですか？」と聞くというのです。

先生としては「どうして？」といわれても困ってしまいます。算数の教科書では「一＋一＝二」以外の答えはないのですから。

けれども、トーマスは、

「コップ一杯の水ともうひとつのコップ一杯の水を足したら、ひとつになります。一＋一＝一になることもあるのではないですか」

などと食い下がったというのです。

確かに、他の例で考えると、たとえば一立方センチの砂糖と一立方センチの水を足しても、砂糖が水に溶けると二立方センチにはなりませんから、トーマスはすごくいいところに気づいていたわけです。

算数の計算は現実には絶対ではないということに、彼は好奇心を発揮して感づいていたのでしょう。

こんな「風変わりな」子どもだったので、先生とうまくいかなかったトーマスは数カ月で学校をやめてしまったというわけです。

15 「常識」を「ほんとうかな?」と疑う

学校に行かなくなったトーマスは、自宅の地下室に実験室を作って、好きなことをしていたようです。

そんな彼に、きちんとした勉強を教えたのは、元教師だった母親・ナンシーでした。教科書は百科事典だったともいわれます。この素晴らしい家庭教師のもとでトーマスは、当時のありとあらゆる知識を学んだのです。

トーマスは、十二歳のときから、生活を助けるために新聞やピーナッツなどを列車内で売る仕事をします。そして十五歳のころ、ある仕事で成功します。

彼は自分で新聞を売るうちに、あるとき新聞社に対して大量の新聞を買いつけたいと申し入れたのです。といっても資金がないので、その購入代金は、後払いの信用取り引きで、というものでした。

彼のアイデアとは次のようなものです。それは「戦場での死傷者の詳しい情報を新聞の記事で届けます」ということを、まず電報で先に各駅に連絡を入れ、その準備ができた上で、列車が各駅に到着するころにはそれぞれの駅にたくさん集まっている電報の概要を知っている人たちに高値で新聞を売るというものでした。

トーマス少年の思惑は当たり、もともとは定価五セントの新聞が、ひと駅行くごとに売れに売れて値上がりしてゆき、ついには一部二五セントにまで高騰する人気となったといいます。

彼は、この利益を元手に、ローカル新聞を発行しました。なんと十五歳にして新聞発行人になったのです。

ただし、しばらくして、ある企業を新聞紙上で批判したことがきっかけとなってこの新聞は廃刊となり、すべてを失ってしまいました。

この失敗は、トーマス・エジソンがのちに今につづく大事業を起こすためのよい経験となったことはいうまでもないでしょう。

16 不可能を可能に変える好奇心の力

エジソンは、もっともよく知られる白熱電球の発明をはじめとして、一〇〇〇件以上の特許を取得しました。その数々の発明に共通していることは、どれも、その時代の最先端のメディアであるということです。

しかも、つねに「常識」を打ち破ったところで考え、アイデアを実現していることがいちばんの驚きです。

会見で、エジソンは新聞記者たちに「なぜ、そんなに素晴らしい発明ができるのか」と問われて、こう答えています。

「それは、私が学校にいっさい行かなかったからです」

つまり、この時代にすでにエジソンは、「常識まみれの学校」には行かないほうが偉大なことができると確信しているのです。

たとえば、エジソンの代表的な発明品のひとつに蓄音機《ちくおんき》があります。これを「どうして発明できたのか」と聞かれたエジソンは、「それは、私の耳がほとんど聞こえなかったからです」と答えています。

彼は、十二歳のころ、動き出した列車に乗ろうとした際に、駅員に耳を引っ張られて止められ、それ以来、聴力が低下しつづけていたといいます。成人したころには、ほとんど聞こえなくなっていたそうです。

そんなエジソンが、自宅でピアノを演奏してもらったときの、その演奏を聞いた手段がユニークでした。最初はピアノに抱きつくようにして音を感じ、ついにはピアノの反響板を自分の歯で噛んでその振動を「聴いた」といいます。

エジソンは、「音は、振動なのだ」と気づき、そのピアノの演奏を涙を流しながら楽しんだといわれているのです。

そんな経験から、振動を地震計のように円筒《えんとう》状のレコードにキズとして記録し、そのキズを針で再生する蓄音機が生まれたわけです。

障害があって聞こえないからといって、音楽を聞くことをあきらめてしまうのではなく、音はどうやったら聞こえるのかと好奇心を持って探究するところが発想の転換ポイントでしょう。好奇心という感性は、ふつうなら不可能と判断してしまいがちなことも見事にくつがえしてしまう大きな力があるのです。耳の聞こえなくなったベートーヴェンが、あの偉大な「第九交響曲」をつくったのは、そのいい例ではないでしょうか。

17 相手の話をよく聞けば、うまくいく

精神科医という仕事は、患者さんの話を聞くところからすべてがはじまります。患者さんがなにに困っているのか、なにを悩んでいるのかをひととおり聞かなければ、症状もわからず治療することもできません。

つまりは、人の話を聞くことが仕事なのですが、これがなかなかむずかしいのです。なにしろ、人の話というのは、筋道だてて理解することがとてもむずかしく、しかも、悩みがある人というのは、それを素直に表に出さないものだからです。

こちらから、「こういうことではありませんか?」と水を向けないと話さない人もたくさんいます。

それなのに、人は悩みがある人に限らず「話したがり屋」なのです。自分の話を聞いてもらいたくてうずうずしているのです。

よく夫婦の間がうまくいかない、という人の相談を聞いていると、結局、どちらかが相手の話を聞いていないことが原因だとわかったりします。

人との関係をうまくいかせるためには、相手の話をよく聞けばいいのに、最初から結論

を決めつけたりしていて、ろくに話を聞いていないのです。

よくいわれるのが、セールスをする人で成績がいい人は、決して話し上手な人ではなく、人の話をよく聞く、聞き上手な人だ、ということです。

きっと、いい精神科医も「話を聞くのがうまい人」なのでしょう。私も一生懸命に話を聞こうと努力はしていますが、なかなか相手をこころから納得させられるほど聞き上手にはなれないようです。

講演会などで、聴衆に感銘を与えるためにも、自分が話すばかりでなく、聴衆の感想や意見を聞くことを大事にしなければならないというのですが、私はどうもしゃべり過ぎてしまうようで、「愉快でした」という声はいただくのですが、「感動しました」というご意見はそうそう簡単にはいただけません。

18 好奇心に満ちた行動が、人生を変える

聞き上手といえば、恐らく日本の歴史でいちばんの聞き上手だった人は西郷隆盛ではないでしょうか。

西郷隆盛は、説明するまでもないと思いますが、幕末の英雄です。英雄というと、「オレが大将だ」と前面に出てくるタイプを思い浮かべますが、西郷はまったくそういうところのない人だったようです。

西郷隆盛は、一八二八（文政一〇）年一二月七日に薩摩藩鹿児島城下に生まれました。父は西郷吉兵衛、隆盛は幼名を小吉といい、本名は隆永といいます。

隆盛という名は、じつは父の名だったという逸話もあります。明治天皇が西郷を表彰するときに、西郷の友人の吉井友実《ともざね》が西郷の名前を通称の「吉之助」としてしか知らず、誤って西郷の父の名を伝えてしまったために、その後、「隆盛」の名で広まってしまったというのです。

そんな誤りもたいして気にせず、とくに訂正もしないというところが、隆盛の真の豪傑《ごうけつ》たる所以《ゆえん》でしょう。

隆盛については、坂本龍馬の人物評がユニークで有名です。「西郷というヤツは、どうもよくわからん男だ。少し叩けば少し響き、大きく叩くと大きく響く。もしバカなら大バカだし、利口なら大きな利口だ」。

また勝海舟は、こんなふうにいっています。「西郷には、どうもわからないところがあった。大きな人間ほどそんなもので、小さいヤツなら肚《はら》の底まで見えてしまうが、大きいヤツはそうはいかない」。

この「よくわからん男」「大きな人間」と見えていることに聞き上手たる所以があるのです。

隆盛は、ふだんは自分の意見をほとんどいわない人だったようです。幕末の緊迫した状況ですから、だれもが自分の意見を滔々《とうとう》と語りたがったのでしょうが、隆盛は、そういう相手のいうことをじっと黙って聞くだけで、話がひと段落すると、「おはんの話、よっくわかりもした」というのです。

相手は、話をわかってもらえたと喜びますが、あとでよく考えると、隆盛自身はなにも意見をいわないので、いったいどういうふうにわかってもらったのかがわからないわけです。

土佐藩の板垣退助がこういっています。「西郷と議論するとつねに自分が勝つ。ところが帰って考えてみると、どうも勝ったような気がしない。松の巨木でせみが鳴く程度だったような気がする」。

この言葉が、隆盛の姿勢をよくあらわしています。聞き上手だからこそ、人も集まり、そして、情報も集まってくるわけです。

どっしりと座っていても、世界の動きをとらえていた、隆盛の不思議さの一端《いったん》が、ここに見えてくるような気がします。自分は黙っていても、人の意見には好奇心を集中させて、なんでも吸収していったのでしょう。

こうした、歴史人物の豊かな好奇心、見えないところまで観察するものの見方、発想法を知ることで、自分が新たに感銘を受けられるということは、時間を何倍にも経験できたように感じられます。

よく考えてみれば、好奇心に満ちた行動と、嫌々ながらする行動とは、天と地ほどの差がありますね。

人生に起こるあらゆることに好奇心を示すというのは、所詮無理があるでしょうが、もし今現在、毎日がつまらないと少しでも感じるようならば、努力してでも好奇心の道筋を探ることだと思います。なぜなら、あなたのまわりで起きていることは、決してあなたと無縁ではないはずなのですから。

第2章

「視点を変える」と見えてくるもの

19 いい人生になるかは、「こころの持ち方」で決まる

私は精神科医として、毎日さまざまな症状を抱えた患者さんを診察し、それ以外にもさまざまな集まりでじつにいろいろな人と会ってきました。当然、多種多様な人生に触れることになりますが、その中で痛感したことがあります。

それは、「いい人生」というのは、ほんとうにその人の「気持ち」次第、「こころ」次第で意外なほど簡単に得られるということです。

ときには私が精神科医だということで、「先生にはストレスはあまりないのでしょうね?」などといわれることもありますが、とんでもない！　私だって人間ですからいろいろなストレスを感じます。仕事の上でも、家族関係でも、それ以外の雑事でも、さまざまなストレスにさらされているのは、医者でも一般の方でも同じです。ただ、違う点は、私の場合、多少の、いや、かなりのストレスがあったほうが、調子よく、ことが運ぶと感じるのです。

これは一般の方でもある程度は同じはずなのですが、その「感じ方」にポイントがあります。それと、ストレスとの「付き合い方」も大事です。人と接していて、また相談に乗

っていてつねに思うのですが、同じような問題に直面しても、「必要以上に重荷と感じる人」と「あまり重荷と感じない人」がいるのです。

その違いを生むのが「こころの持ち方」なのです。

20 「覚えること」より「忘れること」

この「こころの持ち方」のひとつが「忘れること」だと思っています。世の中は、とかく「覚えること」が重視されがちで、仕事でも社会生活でも覚えなければならないことがたくさんあります。

たとえば、学校にはさまざまなことを「覚える」ために通っていますね。仕事でも、毎日なにかを覚えないと先に進みません。日常でも、テレビ番組を録画するビデオやＤＶＤなどの機械を操作するのにも、分厚い「マニュアル」をいちいち見ながらやるのも面倒ですから、最低限の録画と再生のしかたくらいは覚えておかなければならないでしょう。

私の場合も、これができないと大好きな旅行番組や飛行機の番組を録画しておけないので非常に困るのです。

こういう好きなテレビ番組こそ、私のストレス対策でもあるので、私は苦手で面倒なテレビの録画機器の操作は、〝楽しむ〟つもりでやっています。

大事なこと、必要なことは覚えなければなりませんが、ストレスと付き合う上で大切なのは、「忘れること」です。あることにストレスを感じても、一日中クヨクヨすることは避けたいもの。なにをさしおいてもそのことを忘れるのがいちばんの解決法になります。

ひとつの感情にとらわれてしまうのは、頭の中をその「忘れるべきこと」が独占してしまっているからです。そんなときは、頭を完全に空っぽにして、別の刺激を与えてやればいいのです。

21 たったひとまわりの散歩が気分を変える

家の近所の散策でも気分転換することができます。たとえば、家で面白くないことがあってそのまま家にいると、なお険悪な雰囲気になるものです。そんなときには、興奮した頭を冷やす意味も込めて、近所をぶらぶら散歩するとよいのです。

外に出て、あたりの景色を見ているうちに、トラブルなど大したことではないように思えてきます。以前はよく自宅からほど近い多磨霊園に散歩に行ったものですが、いろいろな発見があって気が紛れたものでした。三島由紀夫の墓があることで有名ですが、そのすぐ近くに与謝野晶子、菊池寛の墓もあり、岡本太郎の墓もここにあります。さらには、東郷平八郎と山本五十六《いそろく》の墓も見つけることができます。

ふだんは乗らない路線バスに乗ったり、降りたことのない通勤途中の駅に降りてみるだけでも、ちょっとした旅行気分に浸れるものです。腹が立ったときは「電車に乗って山手線を一周する」という人もいました。山手線一周にはだいたい一時間ちょっとかかるのですが、そんな短い時間で収まるものだというういい例でしょう。

こうして、気分を入れ替えてからベストの方策を考えたほうが、より解決の近道になると私は思います。重荷をずっと背負っていることはありません。荷物を降ろして、見晴らしのいいところにでも行って、別の角度から日常を見れば、また、違った道が見えてくるはずです。

22 急いで歩くと大切なものを見失います

せっかくのお天気の日でも、せかせかと早足で歩いているとまわりの景色も、新しくできた店も、横町の鉢植えの花も目に入らないものです。

仕事や家事で忙しく毎日を過ごしていると、なにか大切なものを見失っているように思えます。

私も、戦争中は軍医として中国に行ったり、終戦まぎわには千葉で上陸が予想される連合軍と戦う用意をさせられたりと忙しく、戦後は、空襲で全焼した東京・青山の自宅と病院を再建するためにまさにフル回転で働いてきました。

戦後の日本の復興は、日本の人たちみんなの、そんなフル回転の努力でようやく達成されたものだと思います。

じきに、高度経済成長期、東京オリンピック、万国博覧会と右肩上がりの時代になり、世界二位の金持ち国にまで復活したのですから大したものです。

けれども、そんなフル回転の発展は、半面で大切なものを壊しているのではないか、そういう危惧もあります。

それこそ日本人が一丸《いちがん》となって、ついに成し遂げたのが戦後復興ですが、そんな中でいちばん犠牲にされてきたものは「環境」ではないかと、歌手の加藤登紀子《かとうときこ》さんが指摘しています。

日本の長い歴史の中で、たった数十年間の経済成長の間に、豊かだった日本の自然が破壊されてしまった、というのです。

今の都会は、超高層ビルが立ち並び、テレビはみんなカラーテレビ、どこにいっても夏は冷房、冬は暖房のエアコンが効き、家庭でも冷蔵庫、洗濯機、電子レンジ、コンピュータでなにかと便利な暮らし……。

けれども、これらはすべて高度成長期以後の産物です。戦後すぐには、どれも夢物語のようなものでした。

こうした早足の成長が、あっという間に自然環境を壊してしまったとの加藤さんの指摘です。

高度成長期の最中には、戦後の復興や、経済の発展に間違った側面があるなどと、だれも声高にはいいませんでした。毎年上昇する経済成長率が当然のことと思われていた時代です。

その陰では、確かにいろいろなものが失われています。

私の生まれて育った東京・青山にも、子どものころはまだ郊外の風情がありました。今では東京の中心部のようになってしまいましたが、青山墓地のとなりの水田では春になるとメダカが泳いでいたのです。

発展の裏で、犠牲になるものはつねにあるものだとはいいますが、今、まったくといっていいほど、町なかの自然が消えてしまった都会を見ていると、もう少し方法があったのではないかなとも思います。

23 いいことをイメージして生活する

「成功した人を見ると自分自身が情けなくなり、落ち込んでしまう」という相談を受けることがよくありました。テレビなどを観ていて、何十億、何百億円と財産を築いた人の話などを知り、自分の境遇を嘆いているのです。

この世の中、上を見ればきりがない、そこそこの生活だってままならない人もいるのだ、ということを頭ではわかっていても、「自分は運が悪いからいつも損をしている」と思ってしまうのです。

私はそんなときこうアドバイスします。「成功した人をよく観察してみるといいですよ。過去に成功した人がずっと成功しつづけているとは限らない。失敗したときにはテレビなどには出てこなくなるから目立たないのです」と。

そして、「自分にもうまくいったときがあるはず。いいことを思い浮かべてみましょう」という具合にプラスの発想のほうに導きます。理屈っぽい人には、理論的な話もします。

「運がいい人、運が悪い人」という分類ができるかどうかを試した、という実験があるのです。これは、英国・ロンドン近郊のハートフォードシャー大学の心理学教授グループによる実験です。

まず被験者として、「どちらかというと自分は運がいい」と思っている人を五〇人、逆に「どちらかというと自分は運が悪い」と思っている人を五〇人集めました。そして、「アニメのキャラクターがコインを親指で空中にはじく映像」を見せて、コインの表が出るか裏が出るかを当てるゲームをやってもらったのです。

繰り返しこの実験をおこなうことで「運がいいと思っている人は、運が悪いと思っている人より当たる確率が高いかどうか」ということを調べました。その結果、どちらのグループも当たる確率はほぼ同じでした。「自分は運が悪い」と思っている人も、それほど運は悪くなかったわけです。

さらに被験者にインタビュー調査をおこない、ふたつのグループの差を調べました。すると、「運がいい」と思っている人は、人生の中で「いいこと、うまくいったこと」を覚えていて、「運が悪い」と思っている人は反対に「悪いこと、失敗したこと」をよく思い出すという傾向があることがわかりました。

つまり、この実験からいえるのは、「運がいい」というのは、「いいこと、うまくいったことをイメージして生活していること」が大事だということなのです。

24 「運がいい人」は発想を変えられる人

「いいこと」をイメージするには、多少なりとも成功体験を持たなければならないでしょう。これまでに成功体験がほとんどない、という場合は、身近なことで簡単な目標を作って、それを達成することが効果的です。

たとえば、簡単な本を「一日一〇ページ読む」という目標を作り、毎日それを実行していきます。簡単に達成できることがわかったら、今度は一日二〇ページに増やせばいいのです。

　または、次のステップとして、「階段を三〇段以上上る」というまったく違った目標を設定しても面白いと思います。こうした成功をどんどん積み上げていくことで、「いつも成功する＝運がいい」というイメージに近づけていくことができるのです。そのうち、「運が悪い」ということに対する認識も発想次第で変わります。

　かりに、「しまった！　失敗した！」と思ったときでも、よくよく現状を考えると、とり返しがつく場合も多いはず。それをしようとしないであきらめてしまう人は結果的に「失敗」が多くなるということになります。

　または、なにかのトラブルに巻き込まれて「運が悪い」と感じても、ほんとうはそんなに悪い状況でないこともあります。現状をよく理解すれば、自然に受け入れることができる場合のほうが多いのです。

　たとえば私の母の場合です。自由奔放、マイペースな母でしたが、トラブルにめげないところがありました。旧ソ連をいっしょに旅行したときも感心させられたことがあります。

　現在のウクライナのキエフからルーマニアに飛ぶ予定の飛行機がいつまでたってもやってこないという出来事がありました。だれもがイライラしはじめて、航空会社のカウンターに詰め寄って係員に食ってかかっているような状況です。

　そんな中で、私と母も待たされていたわけですが、母は騒ぎには無関心で、待合室のイスでなにやら口の中でつぶやいていたのです。よくよく耳を近づけて聞いてみたらなんと「謡《うた》い(謡曲《ようきょく》)」の稽古をしているではありませんか。「騒いだってしょうがないでしょ」と泰然自若《たいぜんじじゃく》たるものでした。

結局、その晩は飛ぶことができず、真っ赤な水道水しか出ないホテルに案内されるという羽目になりましたが、母はそんな状況も楽しんでいるようにさえ見えました。他の乗客は怒りまくっていましたが、しかたがありません。「なるようにしかならないんだから」という母の判断が正しかったわけです。

こんなトラブルも考えようによっては「運がいい」のかもしれません。なにしろ、事故にあったわけではないし、空港のイスで寝かされるような事態にもならなかったわけですから。そう考えると状況は受け入れられるものだったわけです。

これを「運が悪い」と考えるのか、それとも、「面白いことを体験できた」と考えるのか、ということが、「いい人生」だと感じ、「成功する人」になれるかどうかの分岐点ではないかと思います。

25 間違えが成功を生むこともある

「コロンブスのタマゴ」の逸話をご存じでしょう。結果はご存じのように、だれにも立てられなかったタマゴを、コロンブスはゆでタマゴにして、タマゴの底をつぶすことで見事に立てて見せました。

ことがすべて終わってから口であれこれいうのは簡単ですが、最初に実行する「閃《ひらめ》き」が重要だという戒《いまし》めを持った話です。「いい人生」もこの「コロンブスのタマゴ」に似ていると私は思います。あとから考えれば「なあんだ。それでよかったのか」と思うほど簡単なことなのですが、その問題やトラブルを目の前にしたときには、どうすればいいかがわからなかった、ということが長い人生には多いからです。

人の発想、閃きには限界がありますから、だれでもいい思いつきが出てくるわけではありません。けれども、どんな難問を前にしても「待てよ、これは意外に簡単に解決するかもしれないぞ」と考える思考回路は用意しておいたほうがいいと思うのです。

その発想を生むヒントが、「忘れて頭を空にする」ということだと思います。日本でも科学・化学などの研究者から、何人ものノーベル賞受賞者が生まれていますが、そういった世界的な成果を上げた研究者も、多かれ少なかれ、そういう発想法を実践してきたのではないでしょうか。

ことに、二〇〇二年にノーベル化学賞を受賞した田中耕一さんの研究は「生体高分子の同定および構造解析のための手法の開発」というものですが、ひらたくいうと、「タンパク質などの質量を精密に測定する方法の開発」ということのようです。さまざまな実験や分析を重ねているうち、あるとき、「『間違えて』グリセロールとコバルトを混ぜてしまったが、捨てるのももったいないので実験をしてみたら見事に成功した」、という逸話は話題になりました。

人生での問題・トラブルを考えるときにも、「間違えて成功する」ことだってあるのです。決して、「成功するはずがない」とか、「自分にできるわけがない」と決めつけるべきではありません。クリアな頭脳で問題にとり組んだほうが、意外な解決に結びつくものなのです。私がおすすめする「好奇心」を発揮する方法で、頭の中を一度きれいに空っぽにしてしまうといいかもしれません。

26 一万回の失敗も、財産になる

トーマス・エジソンといえば、一般的には「天才的発明家」というイメージがありますが、エジソン自身が「天才は九九パーセントの努力と一パーセントのインスピレーションで生まれる」という有名な言葉を残しているように、ご本人は「天才というより努力家」だったようです。

代表的発明のひとつである白熱電球を発明したときも、努力に努力を重ねて研究と実験をおこないました。研究の結果、電球の「発光体」である「フィラメント」となる素材さえ見つかれば発明が完成する、というところまでたどりついたエジソンは、片っ端からいろいろな素材を「フィラメント」として使う実験を試みました。

ここまでくると理論などよりも、一つひとつしらみつぶしに実験を重ねるほかなかったのでしょう。最初はいかにも可能性がありそうな金属類を使いました。それらがダメだとわかると、綿糸、紙、木材などあらゆる素材をカーボンの状態にして電球の「フィラメント」として光らせる実験をおこなったのです。

それを延々と繰り返すうち、「もう数千種類の物質を試してみたのだから、この仕組みでは無理なのではないか」と疑問を呈《てい》す人も出てきました。

それに対し、エジソンは、「この世の中にはだいたい五五〇〇種類の物質がある。この研究で、これまで三〇〇〇種類も試してきた。だから、試すのはあと二五〇〇種類だけだ」と答えたというのです。なにしろ、三〇〇〇種類の物質を素材として加工して試すためには、一万回以上の実験をそれまでに繰り返していたのです。

「一万回もの実験に失敗したではないか」という心ない非難にエジソンは、「これは単なる失敗ではありません。一万通りもの、『うまくいかない方法』を見つけたのです」と返答したそうです。確かに、「ダメだった」という研究成果は、なにかと後世の役に立つものなのです。

こんな努力を重ねた結果、エジソンは、ついに日本の、それも京都の竹が「フィラメント」に最適であることを発見し、それを使って実験に成功、一八七九年に歴史に残る白熱電球の製造に成功しました。ここまで自らの判断に確信を持って努力できるということも、明らかにひとつの才能なのでしょうが、ここには、私たちの人生に対する発想や、こころ構えにも通じるところがあると思います。

「いい人生」を送る人は、「天才」でも運がいい人でもなく、簡単な「忘れるテクニック」や手軽な「好奇心」でうまく頭を切り替えられる人、ということができるかもしれません。

27 病気とは、「友人」として付き合う

過労で倒れてから、その後、私にはいろいろな「友人」ができました。「友人」というのは付き合っている病気のこと。

中でも「親友」ともいえるのが前立腺の病気です。このやっかいな「友人」とはじめて出合ったのは韓国を旅行している最中のこと。旅行中に尿に血が混じったので、泌尿器科に行ったら前立腺肥大という診断でした。これは、長生きした人の宿命ともいえる病気なのです。

そこで、帰国後、東京の聖路加病院で手術を受けました。この「親友」とはそれ以来の付き合いです。この手術で前立腺はなんとか復調しましたが、薬を飲んだり、定期的に検診を受けたりと、「友人」との付き合いは欠かせません。前立腺については、年に一回きちんと検査しています。それ以外の「友人」は高いコレステロール値など。これらは三カ月に一回、検査しています。

こんな経験もあって、私は、他のことではあまり人の意見などを聞かないタイプなので

すが、健康については素直なものです。「手術のために酒をやめてください」といわれれば、素直に従います。

病気の経験があるからこそ、病気になったらどれほど心細いか、患者さんがどんなときに不安を抱くかなど、といったことがわかります。病気をした経験は、結局のところ人の立場を思いやるこころにつながります。

28 病気をするから健康に感謝できる

入院をして手術をしたときには、例によって、私はまわりを観察してメモを書きまくっていました。

周囲を観察することは、結果的に自分自身も客観的に見ることになります。自分がなにをしにどこそこに行ってみたらなにを見たとメモをするので、自分の闘病中の行動記録でもあるわけです。

自分を見つめてみると、精神的に活性化して、こころにも体にもプラスの影響があるように思えます。自然に、病気に対する抵抗力も向上し、おまけに「病気になった」と落ち込んでいた気分が軽くなった気がします。この観察メモのお陰で手術への恐怖が薄らぎました。

入院経験で気がついたことは、ふだんから健康に不安がある人は、「体調メモ」をつけるなど自分の健康状況を毎日メモして客観的、継続的に観察しつづけるといいのではないか、ということです。

ただただ不安を抱えているより、毎日はっきりとした数字で、少しでも快方に向かっているのか、悪くなっているのかを示してくれます。もちろん、ちょっとでも悪い兆《きざ》しがあったらすぐにお医者さんに相談します。

数年前、二〇世紀が終わりに近づいたころにも、入院して自分を観察する機会がありました。このときも前立腺関連です。そのとき、「お酒をやめてみませんか」とお医者さんがいうのです。酒好きの私はちょっとためらいましたが「それも面白いか。体調にどういう変化があるか観察してみよう」と決心しました。

そして、二〇世紀の終わりの三カ月間、完全に禁酒しました。コレステロール値や中性脂肪値が高い原因のひとつには酒の影響があるかもしれない、と自分で思っていたことも、このとき禁酒を決心した理由のひとつでした。

そして、三カ月間禁酒した結果としては、コレステロール値、中性脂肪値のどちらの検査値も下がっていませんでした。つまり、酒は私の健康にはマイナス要因ではなかったということです。

これで、私の適量飲酒主義は間違っていなかった、と喜んで、「よし！　二一世紀初頭を祝って、お酒を飲もう！」と、新世紀の到来を祝福し、おいしい酒をいただいたというわけです。

酒がこんなにおいしく飲めるのも、病気になったからで、「飲めなくならなくてよかった！」と思うから、いつもの晩酌《ばんしゃく》が一層おいしく感じられます。

病気をすることで、なおさら健康に感謝できるということです。

29 「悪いこと」も考えておこう

とにかく「ものは考えようだ」ということを若い世代にも知っていただきたい、と最近よく思っています。私は、このところは健康管理のためにも控えているのですが、よく行っていた全国各地での講演会では、最近しでかした「失敗」を披露することからお話をはじめるようにしていました。たとえば、「自宅に電話をかけようとしたら、電話番号を忘れてしまって、かけられなかった」などという、他愛もない失敗談です。こんな「笑いぐさ」で、会場の聴衆はけっこう、ドッと笑ってくれます。

人の失敗談は、親近感を覚えるものなのでしょう。「私はこうして成功しました」という話ばかりだと、会場が固いままで推移しますが、こんなミスをしました、というと会場がなごむことがわかります。きっと講演する人が、思ったより身近な、自分もやらかしそうな失敗をする人だ、と感じて、リラックスするのだと思います。とにかくいったん笑わせると、聴衆のこころがポーンと開かれたようになって、つづきの話がしやすくなるのです。

「失敗」はだれにでもあります。ノーベル化学賞受賞の田中耕一さんの例も引き合いに出しましたが、「失敗は成功の母」なのです。

世の中には、「悪いこと」もたくさん起こります。

たとえば、大雨で床上浸水したなどということもあります。そんなときに犠牲者が出なかったのは、不幸中の幸いとして、それ以上の災害につながらないように研究すればよいのです。

「悪いこと」は「最悪なこと」の前兆であり、シグナルだと思って、「最悪」を避けるために努めればいいのです。

自分の失敗も、「そのくらいの失敗でよかった」と思うくらいのねばり強い感性が欲しいもの。もちろん責任は自分がとらなければなりませんが、「次はもっとうまくやろう」と思えばいいのです。「悪いことが起こったが、最悪でなくてよかった」という考え方をするのがラクな生き方の習慣です。

30 「強気のふり」で底力を出す

人生、無理をして頑張らないほうがラクに過ごせます。これは真実です。ただ、ときどき少し「背伸び」をしたほうがよいことはあります。

仕事でも勉強でも、人付き合いでも、ちょっと勇気を出したり、少しだけ気合いを入れて「やってみよう！」とチャレンジするのです。仕事で少し上のレベルの内容を目指すということは、少なくともそれが「自分にとって、これまでの仕事より少し骨がありそうだ」、と自覚できている、ということです。

こういう場合、それがわかっているだけでもチャレンジする価値があります。なぜなら、その仕事は自分の能力ギリギリではあるが達成できる可能性がある、ということだからです。「目標を少しレベルアップするやり方」のひとつは、なんでも自分流にしてしまう方法です。

ちょっと考えると「無理」ということでも、自分が得意とするやり方に変えてしまえば、意外にうまくいったりするものです。

新商品の説明や企画案を提出したりするときに、プレゼン（プレゼンテーション）をします。このプレゼンが得意な人はいいのですが、人前で発言することが苦手な人も多いと思います。ましてや、そのプレゼン内容によっては、会社の業績に影響が出る、などという重大な場合はだれでも緊張するものです。

知人の例ですが、ちょっと頭をひねって、プレゼンを「紙芝居」にしてみました。ある商品がどれだけ使い勝手がよく、消費者に利便を与えるかということを、二十数枚の手書きの絵にして、解説したのです。

予算がある会社なら、プロモーションビデオにするような内容を、懐かしの紙芝居形式にしたわけです。紙芝居なら、解説も落ち着いて原稿を読み上げるだけでいいし、注目を集めるだろうと考えたのです。じつは、その人は、保育士の資格を持っていて、紙芝居はお手の物だったのです。紙芝居独特の「緩急」をつけた「思わせぶり」たっぷりの解説だったのです。その内容にも「物語性」を持たせた作りにしたそうです。プレゼンの結果は上々で、契約が成立したといいます。

あとでプレゼンの感想をクライアントに聞いてみたら、プロモーションビデオなどは見飽きている企業の偉い人たちにとって、「紙芝居」が珍しく、懐かしいものだったので他社のプレゼンより印象が強かったということでした。きっと童心にもどって楽しめたのでしょう。こんな工夫があれば、ちょっとした「背伸び」も無理なく楽しみながらできます。

31 見返りを求めない

欧米では、人にプレゼントなどを贈っても、お返しや見返りを求めるという習慣はありません。中には「見返り」を要求する欧米人もいるかもしれませんが、社会全体の風潮としてそうだと思います。

私の知人が、英国からのお客さんに英国からのおみやげをもらい、「なにかお返しをしたい」といったら、「お返しをもらう習慣はない。自分の感謝の気持ちをあらわすプレゼントをしただけだから」といわれたそうです。日本のように、「お中元を贈ってあげたのだから、お礼か見返りをもらわなければ」といった発想はまったくないのです。

私は、人になにかをしてあげるということは、自分のこころの安定のためにやっていることなのだ、と考えることにしています。人のためになることをすれば自分の気持ちが安らぐからです。

たとえば、電車で席を譲ったのに「ありがとう」のひとこともないとか、落としたハンカチを拾って、落とし主を走って追いかけ、渡したのに「あっ」といったきり立ち去ったとか、そういうことは日常茶飯事です。

私自身は、なにかをいただいたり、ご招待を受けたりすると、必ず「お礼状」を書きます。反対に、なにかを贈っても「受けとった」という連絡もないことがありますが、それはそういうものだ、とあきらめます。「あきらめのよさ」というのもこころの平安を得るための大切な考え方だと私は思っているのです。なぜなら、私自身にとって、お礼状をいろいろ工夫して書いたり、物を選んで贈ったりすることが「うれしい」ことだからです。

この人は飛行機好きだから、とっておきの飛行機の絵はがきを送ろうとか、この人は絵が好きだから、近くの美術館の絵画の絵はがきを送ろう、などと考える時間、そういうひとときが楽しいではありませんか。

32 間違いを指摘されたらお礼をいう

ちょっとしたことを注意されただけで、すぐに不機嫌になってしまう人がいます。仕事のやり方や生活の態度など、ごく当然のことを指摘されただけで「ムッ」として、口もきかなくなったりするようなこともあります。

たとえば、電話の応対で相手に誤解を与えかねないようなことをいっている場合もあります。ある会社に電話をかけたとき、たまたま新入社員だったのか、「社長さんは、今いらっしゃいません」ととんちんかんな応対をされたことがあります。電話応対の基本ですが「社長は、ただ今席を外しております」とか「社長は外出中で、何時にもどります」というのが正解です。

こんな明らかな間違いでも指摘されると不機嫌になってしまう人が目立つのです。こういう人は、「自分をよく見せたい」という気持ちが強過ぎるのでしょう。「自分は一〇〇パーセントできているはずだ」という思い込みもあります。とにかく、人からなにかをいわれるのががまんならないタイプです。

自分の失敗を客観的に見る、という訓練も不足しているのでしょう。失敗を笑い飛ばす余裕の無さも関係しています。

間違いを指摘されたり、批判されたら、まずは相手に感謝の気持ちを伝えるべきなのです。なぜなら、その相手は、「よくなってもらおう」といってくれる場合がほとんどだからです。「どうでもいい」と思ったら、だれもなにも注意しません。いわば善意で教えてくれているわけですから、お礼をいうのが当然です。

たとえば、見ず知らずの人の子どもが、ノートにひらがなを間違って書いていても、場合にもよりますが、わざわざ訂正してあげようとはしないでしょう。これは、親がやるべきことだからです。また、その子どもは、ほんとうは正しく書けるのに、おとなをからかっているのかもしれません。

物事を教えてあげる、注意する、批判するということは、相手の人生に介入することです。ある程度の責任感を持って、わざわざ教えてくれるのですから、「ありがとうございます」という言葉があって当たり前なのです。

33 私を罵倒する妻にも、感謝

家内の名は美智子といいますが、ときどき、私にとってきつい「ひとこと」をいいます。たいてい、聞き流しているのですが、あまりに腹が立ったときには、やはり習性でメモに書いておきます。

このメモは、「美智子語録」と名付けています。とくにきついのは、だいたいケンカをしたときに私のことを罵倒する言葉ですが、あとで「語録」を読むと「なかなかいいところをついているな」と感心させられるので、自省のために重宝しています。

どんな「ひとこと」かといいますと、「あなたのお箸の持ち方はなんなの。それでよくぞ八十数年も持ってきたわね」『母上は、大事な長男にミカンの食べ方も教えなかったのね』「文字はきちんと楷書で書いてくださいね。他の人にはまったく読めないわ」というような皮肉とも、悪口ともとれる「ひとこと」がポンポン飛び出すのです。

私は、最初は腹立ちまぎれにこんなにひどいことをいわれた、とメモに八つ当たりするのですが、冷静に考えてみると「確かにこれはもっともだな」と思える「ひとこと」が多いのです。

自分の言行についての反省の材料になるわけで、だからこそ貴重な「美智子語録」というわけです。

ご本人が「こんなことをあなたにいうのは、日本広しといえども私一人なのよ」といって威張《いば》っていますが、確かに他人なら、たとえ思ったとしても本人に向かっていうことはないような苦言ばかりです。

「なるほど、人様から見たらこんなことが気になるものなのか」と自覚できるわけで、やはり感謝するべきなのでしょう。ただ、腹が立っているときは、さすがに感謝の言葉も出ませんが。

旅のメモに、家内について「女茂吉」だと書いていたことがあります。この言葉をなぜ書いたのか覚えていないのですが、恐らく、家内が旅の最中に短気を起こしてケンカになったときに私が腹立ちまぎれに書いたのです。

私たち夫婦のケンカは、その場でボウッ！　と燃え上がっても、すぐに火が消えます。いいたいことをいえば、忘れてしまうのです。家内にいわせれば、私は「かんしゃく持ち」だそうで、やはりカッとするところがあるようです。そうなるとお互い様、というところなのでしょう。こんなドライで楽しい夫婦関係にも感謝しています。

34 小雨は「よい天気」のうち

ものの見方というのは、ほんとうにさまざまです。

知人の一人が、あるイギリス人紳士が日本に滞在しているとき、東京を案内することになり、ある朝、滞在中のホテルに迎えに行きました。家を出たときは、曇り空だったのですが、ホテルに到着するころには、小糠雨《こぬかあめ》が降りはじめていました。

せっかくの仕事の合間の観光の日に、こんな天気になってしまって、イギリス紳士はさぞがっかりしているだろうと、思ったそうです。

すると当の紳士、ホテルのロビーから雨模様の外を見回して、「グッド・ウェザー！」といったそうです。知人は耳を疑いました。こんな小雨模様が「よい天気？」どういうことだろう、と「天気がよくなくて残念ですね」と話しかけてみると、イギリス紳士は、逆にいぶかしそうな表情で、「これが悪い天気？　イギリスではこのくらいがよい天気なんですよ」と平然としていたというのです。

確かに、ロンドンあたりなど、じとじとと雨が降る日が多く、多少の雨くらいではだれも雨傘を持っていても差さないという話は有名です。いつ雨が降ってきてもいいように、ロンドン紳士がステッキ代わりに傘を持ち歩くことはよく知られています。

そんな話はその知人も知ってはいましたが、小糠雨を「よい天気」と考えるとは、ちょっと驚きだったとのこと。くだんのイギリス紳士は、多少の雨を気にすることなく、東京の観光を一日楽しんだそうです。

日本人はたいていの人が、せっかくの観光の日に小雨模様ではちょっとガッカリするでしょう。ガッカリしながら出かけて、やはりちょっと不満気味で一日を終わるのではないでしょうか。同じ一日を過ごすのであれば、楽しく過ごしたほうがいいに決まっています。雨が降っているのはしかたがないわけですから、そこは「あきらめて」、プラスのほうに考えたほうがいいのです。

第3章

「チャレンジ」は人生を動かすエネルギー

35 好きなことに挑戦して、脳の老化を防ぐ

人間、嫌なことをするのは、いつでも気が進まないものです。

嫌なことをしていると時間が長く感じられるのに、好きなことをしていると、あっという間に時間がたってしまうものです。

嫌なことの一種なのに、いつの間にか時間がきてしまうのが、いろんな「試験」ですが、それを除くと、嫌な時間はノロノロと過ぎていきます。

「試験」は嫌なものではありますが、きっと集中しているから時間がたつのが速いのでしょう。それまでに勉強してきたことを一気に吐き出してしまわなければならないので没頭できるのです。

よく、日常生活や仕事の上の心労などが重なって、胃潰瘍《いかいよう》になるという人がいます。じつは、私の家内も胃潰瘍をやっていて、私はこれを「おふくろ性胃潰瘍」と呼んでいました。

もはや申すまでもなく、超天真爛漫な母が、家内の胃潰瘍の最大の原因だろうと、私はひそかに思っていたからです。

こういうときには、精神的にもかなり調子が悪くなっていると考えたほうがいいでしょう。体にそういう精神的な刺激が加わると、それに対抗するために副腎《ふくじん》皮質ホルモンを盛んに分泌します。

副腎皮質ホルモンは、脳下垂体《のうかすいたい》からの刺激を受けて分泌される仕組みになっているのです。あまりに刺激が多過ぎると、副腎皮質ホルモンをフル活動で分泌しつづけるために疲労するのです。

この、脳の疲労は、なかなか軽視できません。

精神的な負担に加えて、怒りや悲しみの感情が脳を刺激すると、アドレナリンというホルモンが大量に分泌されます。これも脳を疲労させるので、怒りや悲しみをずっとひきずっていると、脳の老化が早まると考えられるのです。

やはり、楽しいこと好きなことをしたり、考えたりしたほうが、脳の老化も防げるというものです。

36 同じ苦労でも、脳を楽しませてやる

アメリカの生物心理学者でジェームス・オールズという人が実験をおこなって証明したのが、「楽しいことをすると、頭の働きがよくなる」ということです。彼はネズミの脳を使って、脳のある部分を刺激したときに、快感を覚えていることを発見したのです。

このメカニズムは、のちにその刺激でドーパミンという「快楽物質」が分泌されるためだとわかりました。このネズミの実験は、まず、ネズミに運動をしてから前足でペダルを踏むとエサが与えられるように条件づけします。

それに慣れたネズミを運動させると、エサを与えなくても運動をしたらペダルを踏むようになり、そのうち、どんなに疲れていてもペダルを踏みつづけるようになるというものです。

つまり、運動をすればエサがもらえる、ということでドーパミンが分泌されていたのですが、そのうちに運動をするだけでドーパミンが分泌される刺激となっていったことになるのです。

運動というストレスが、本来なら負荷になるはずが反対に快楽につながるということ

です。

人間も同じように意識によってドーパミンが分泌されます。

たとえば、長距離ランナーにとっても「走る」ということはきつい運動であり、負荷であるはずなのですが、何日も走り込むと、やがて走ることが楽しく感じられるようになってくるのです。

これは、「走ればコーチにほめられる」とか、「走れば優勝して名誉が得られる」という目標ができることで、負荷のはずなのに快感を覚えるようになるドーパミンが分泌されるからです。

まるで麻薬中毒のように「ハイ」の状態になることから、「ランナーズ・ハイ」とも呼ばれています。

ようするに、同じ苦労、努力でも、目的や喜びを覚えながら経験すれば、ドーパミンが分泌されて楽しくなるということです。

発想の転換といいますか、脳のコントロール法といったほうがより近いでしょうか、このゆえに、「ほめる監督」がオリンピックでメダルをとれるような優秀な選手を次々と育成できるというわけです。苦労のあとに、快楽が待っているという暗示でも、その苦労を苦労と感じないで乗り越えることができます。

それが、チャレンジャーの快感なのだと、私は考えます。

37 ときには「あくなき冒険心」を持つ

あくなき冒険心を持って、ひとつの難関を突破したら次の目標を定めて突き進む、という冒険家にも、この「ランナーズ・ハイ」の側面があると私は思います。

日本の代表的冒険家というと、その一人に、植村直己《うえむらなおみ》の名前が浮かぶのではないでしょうか。次々と危険が伴う冒険を達成していく、そのエネルギーの根源には、さまざまな好奇心が関わっていると思います。

チャレンジ精神の前に、まず最初にあるのは、「自分にどこまでやれるか知りたい」という好奇心です。

植村のそんな側面を示すあるエピソードがあります。

彼は、一九四一年二月一二日、兵庫県城崎《きのさき》郡日高町に生まれました。

彼の冒険がはじまったのは明治大学在学中です。山岳部に所属して登山に熱中していた彼でしたが、そのころはまだ、冒険といえるほどの経験がありませんでした。

四年生のときに大学の友人だった小林正尚という人から、アラスカで氷河の山に登ってきたという話を聞かされ、冒険への好奇心に火がついたのです。

とはいっても、当時、彼には資金がまったくありませんでした。そこで、大学卒業後、英語の勉強をしながら彼が選んだ道がユニークなのです。

両親や友人たちが引き止めるのを振り切って、アルバイトでためた、四万円（当時の一一〇〇ドル）を持って、アメリカに渡ってしまったのです。

そして、一九六四年、東京オリンピックの年に、「アルゼンチナ丸」に乗って、ロサンゼルスに到着し、苦労の末にブドウ農園の仕事を見つけて、一〇〇〇ドルほど貯えることに成功したのです。

ところが、観光ビザで入国していたために、これが不法就労とわかり、移民調査官に見つかってしまったそうです。

観光ビザでは働いてはいけないわけです。本来なら植村は日本に送還されるところですが、たまたま出会った日系二世の通訳者が、植村の熱意をうまく説明してくれたお陰で、送還されずにすんだのです。

送還は免《まぬが》れたものの、アメリカにはもうこれ以上滞在できなくなりました。そこで、植村が選択した道にまたビックリさせられます。大した資金もないのに、今度はそのままヨーロッパに行って、スイスのモン・ブランのふもとの町、シャモニーに直行し、テント生活をしながら登山の準備をしたのです。

そして、シャモニーについてから二週間後には、食糧を買い込んで登山を開始したというのですから、植村の好奇心には驚かされます。

若いとはいえ、凄まじいバイタリティです。

ところが、このとき、雪で隠れた谷間、クレバスに落下。九死に一生を得たのですが、このときはさすがに恐怖のあまり植村は引き返します。

このあたりの植村はいさぎよいというか、計画性がほとんどないというか、失敗とはいえ、なんともダイナミックですね。

なにしろアメリカに行ったときにも英語を話せなかった彼ですが、今度は、フランス語が話せないのに、再びモン・ブランにチャレンジするために仕事を探して、じつにうまい具合にスキー場の仕事を見つけてしまいます。

若さゆえの無鉄砲さなのでしょうか。しかし、このくらいのダイナミックさがないと、あそこまでの冒険はできないのか、まあ、その両方の要素があったのでしょう。

その後、植村は、一九六六年七月にマッターホルン単独登頂に成功し、同年一〇月にはアフリカの最高峰、キリマンジャロの単独登頂、六八年二月に南米最高峰、アコンカグア単独登頂と次々と大陸最高峰を制覇していきました。

まさに、それまでの鬱憤《うっぷん》を晴らすかのように、次々と大陸を渡り歩き、登山をしまくった、という感じです。

一九七〇年五月一一日に、ついに世界最高峰、エベレストに日本人として初登頂を果たします。

そして、一九八四年二月一二日、アラスカのマッキンレーに、冬期としては世界初となる単独登頂を果たしましたが、翌一三日の通信を最後に消息を絶ってしまったのです。世界ではじめて、五大陸の最高峰を制した植村直己。この実績に対して、日本政府から国民栄誉賞が贈られました。

登山をする人は、それこそ「そこに山があるから」といって登りますが、世界の最高峰を極めるという凄まじいバイタリティは、「そこにあるから」というだけのものではないでしょう。

自分を極限ギリギリのところまで追い込んでいくような、そんな「ランナーズ・ハイ」を感じているのではないでしょうか。

とことん一人で、危険を承知で人の行かないところに行く、人が見ていないものを見る、これこそ、好奇心の世界の頂点ではないかな、と私は思います。

38 人は逆境があるから頑張れる

私の祖父が建てた「帝国脳病院」は、そのローマ風建築の威容《いよう》から東京名物となりましたが、ついには焼けてしまいました。

あの、関東大震災にも焼け残ったのですが、その翌年、大正一三年の暮れに、なんと失火で全焼してしまったのです。

たまたま火災保険が切れていて、再建には開業当時と同じか、もっと費用が必要になりました。これには、さしものやり手の祖父もガックリときたようで、病院再建は、父・茂吉の役目になりました。

病院全焼のとき、父と母は、ヨーロッパ留学からの帰途で、香港から上海に向かう船上で、火災を伝える電報を受けとったのでした。

不幸中の幸いで、帰ってくる父と母のために院内の敷地に建築中だった新居だけが焼け残り、私たち親子はそこに住みはじめました。

このとき焼けなかった新居が、私が小学校三年生のときから過ごした、実家ともいえるものでしたが、これも、終戦まぎわに空襲で全焼してしまいます。

この空襲で、青山近辺でもたくさんの犠牲者が出ましたが、私の一家は別の場所に留まったことが幸いして全員無事でした。

私は、その日、たまたま軍医の仕事で山梨県のほうに出張中で、父は空襲一カ月前から山形に疎開中でした。

私が、自宅の焼跡にもどったときには、父の蔵書が焼けて小山のようにうずたかく盛り上がっていたのがじつに印象的でした。

その中に金庫だけがぽつんと残っていました。その扉をこじ開けてみると、中には金盥《かなだらい》がありました。これは、母が万が一のときを想定して、金庫の中に水を張って入れておいたのでした。

その盥の水のお陰だったのでしょう、金庫の中の書類はそのまま焼けずに残っていました。

ところが、その書類の中から、借金の証文がゾロゾロ出てきたのです。病院と家は焼けて、借金の証文だけが焼け残ったというわけです。

戦争に負けて、私がボロボロの靴でもどってきたら、自宅は全焼、飯ごうの中にはわずかなイモがあるばかり。

そこに、数多くの借金の証文です。これには、さすがに楽観的な私でも情けなくなったのをよく覚えてます。

けれども、あとからよくよく考えると、この借金の証文の束は、私の背中を押してくれたようです。

祖父は一からすべてを築き上げた、父は病院全焼から再建した、私も借金はあっても家族みんながいるのだから、復興に努めよう、と吹っ切れたのです。

よく「逆境に強い人、弱い人」といいますが、私の経験でいうと、人は逆境があるから頑張れるのだと思います。

この「頑張る」という言葉は、今では精神科医としては患者さんに対してはあまり使ってはならないのです。うつ病で苦しむ人は「頑張って」などと励まされるのがなによりつらいからなのですが、終戦当時は、私に限らず、日本人はだれでも頑張るしか他に道はなかったのです。

これも、前項の「ランナーズ・ハイ」に似て、ちょっと見た目には苦しそうですが、じつはそれなりに充実感があるという状況だといえるでしょう。

また、少しずつ借金を返済していくというのも、貴重な経験です。借金が増えていくよりずっとましです。

これも、発想の転換です。

ところで、逆の発想というと、私がどうしても思い出すのが、第2章でも触れた「コロンブスのタマゴ」です。発想を逆転させるという意味では、なんといっても世界の先駆者でしょう。コロンブスの発想にも「チャレンジする好奇心」が大いにあると強く感じます。

39 どんなことでも、考え方次第で道が開ける

「コロンブスのタマゴ」といえば、ほとんどの人が知っている逸話でしょうが、ここでは、コロンブスという天才の発想法をよく知るためにもあらためてその説明をしておきたいと思います。

コロンブスは、タマゴを手にとり、

「ここにいる方々の中に、このタマゴをテーブルの上にまっすぐ立てられる方はいますか」

と周囲の人々に問いかけた、この話はあまりにも有名です。

もちろん、この話は伝説かもしれませんが、彼の発想をよくあらわしていると思います。

そして、その場にいた人たちは、だれ一人タマゴを立てることはできませんでした。何人かがやってみたようですが、タマゴは空《むな》しく転がります。それを満足げに見てとったコ

ロンブスは、タマゴを手にとり、軽くテーブルにぶつけて、へこみを作ってタマゴを立てて見せたのです。

つまり「タマゴの底は丸いから立つわけがない」という発想から、「タマゴを立てるためには、立つように形を変えればいい」という発想に転換する、これがコロンブスの考えた逆転の発想といえるものでしょう。この話は、次のような話にもつながります。たとえば、砂漠で道に迷ってさんざん歩いたけれど、目的地も水も見当たらない。水筒の中には、水がもう半分しかない、というそんなときに、

「水が半分しかないからもうダメだろう」

と考えるのか、それとも、

「水がまだ半分あるからこのぶん先に行ける」

と考えるのかによって、その遭難者が助かる可能性はずいぶんと変わるだろう、ということです。

やはり、ここでもものごとは、どんなことも考え方次第、やり方次第で道が開けるということではないでしょうか。

コロンブスの例は、コロンブス自身の逆転の発想の素晴らしさと、不可能といわれたことへのチャレンジ精神、そして、彼の成果が、その後の世界に与えた影響を考えると、十

分に称賛に値するものだと私は思っています。

現代に生きる私たちにも、「常識」からの発想の転換が必要なことを、コロンブスのエピソードは訴えているような気がするのです。

40 新しいこと、新しいものに「前のめり」で臨む

幕末から明治維新前後にかけて、いろいろな人物が活躍しています。

その中でも、悲劇的なヒーローとして、恐らくこの人は嫌いだという人がいないであろうという人物が、坂本龍馬です。

龍馬は、一八三五（天保六）年一一月一五日（旧暦）に土佐国高知（現在の高知県高知市）に生まれました。父・坂本八平は郷士《ごうし》という下級武士でした。

龍馬の明治維新での功績というと、長州征伐への参加など、いろいろとあります。けれども、維新に一番影響を与えたことはというと、一八六五（慶応元）年に、お互いにいがみ合っていた長州の桂小五郎と薩摩の西郷隆盛との会見を斡旋《あっせん》して、翌一八六六（慶応二）年、薩長同盟の締結に導いたことではないでしょうか。

他の功績も一つひとつ偉大ですが、これをなし得た人は、龍馬以外にあり得なかったのだろうと思います。もちろん、薩長同盟なくして明治維新もなかったわけですから、明らかな功労者でしょう。

けれども、「好奇心」と「チャレンジする心」を基準とする私の興味は、龍馬独特の個性のそれ以外のことにあります。

私が、いちばん、龍馬のエピソードで気に入っているのが、「日本初の新婚旅行」をおこなった人という話です。

龍馬は、薩長同盟が結ばれたあと、京都に滞在していました。滞在先の寺田屋で奉行所の役人に襲われますが、このとき、いち早く襲撃を伝えて、間一髪助けたのが、龍馬の妻となる、おりょうです。

おりょうは、本名を龍子といい、龍馬は自分の名前と同じ字だ、これも運命だろう、などと納得していたようです。

この、おりょうと龍馬は、結婚して鹿児島に新婚旅行に行ったのです。これが、日本人はじめての新婚旅行だとされています。

他にも、龍馬はよく知られる写真が現在も残っているように、最先端のものが大好きでした。

ピストルも長崎の商人・グラバーという人から買っています。このピストルを、おりょうに撃たせたりしていたことが、龍馬の手紙に書かれています。それどころか、一丁持たせていたともいいます。

当時のピストルといったら、今でいえばハイテクの最新鋭兵器のようなもの。そんなものを女房に持たせるのですから、なにしろ型破りなのです。

また、龍馬は筆まめだったことでも知られています。これは、とくに「習慣の好奇心」としてじつに面白い話でもあります。

龍馬の思想の先生ともいえる人が勝海舟です。

咸臨丸《かんりんまる》でアメリカに渡って、その国力を自分の目で見てきた勝は、幕府の中にありながら、日本がこのままの状態ではとうてい外国勢力にかなわないということを、龍馬をはじめとする若者たちに説きました。

龍馬の生涯の幕切れも劇的でした。

一八六七（慶応三）年一一月一五日、京都の近江屋で中岡慎太郎とともに暗殺されたことはよく知られています。

この日は、旧暦では誕生日とこの命日が同月同日です。しかも、龍馬の悲願の大政奉還がついに達成された、一〇月一三日の次の月のことでした。

加えて、このときの暗殺の実行者がいったいだれなのかというところも明らかではありません。

新選組による暗殺という説が有力ですが、陰謀説なども可能性としてあるそうです。そんな、謎の多い波瀾の人生は、「死ぬときにも前のめりに死にたい」といい残した龍馬らしい生きざまと私には思えるのです。

自分という存在が、いったいどれだけ大きな人間になれるのか、そんな龍馬の人間に対する好奇心とチャレンジ精神に、私はいちばん惹《ひ》かれるのです。

41 失敗こそ、新たな挑戦の糧になる

「一生懸命努力したのに、成果が出なかった」という場合、私は、中途半端な慰めの言葉はいいません。

これがスポーツ大会の話なら、「ある程度まで勝ち進んだが、惜しくも決勝戦までいけなかった」というときには「よくやったね。今度は決勝戦まで勝ち残ろう」ということができます。けれども、努力の対象が仕事や勉学だと、「よくやった」というだけでは足り

ません。仕事は結果がすべて、勉学はその後が問題だからです。

大学受験などでも、もし目標を国公立にしぼっているのであれば、国公立に合格しなければ「よくやった」とはなりません。この、「スポーツでの努力」と「仕事や勉学での努力」との違いは、「失敗した理由と次の対策がはっきりしているかどうか」にあります。スポーツで勝てなかった理由は、おもに「実力差があった」「精神的に押されてしまった」「思わぬミスが出た」「相手に運が向いていた」などなど、だれの目にもはっきりと見えるものです。

ところが、仕事でも勉学でも、失敗した理由がはっきりわからないことが世の中には多く、そういう場合は、その理由・欠点などをきちんと分析しなければならないのです。失敗を分析せずに、「よくやった」といっても、次にまた同じ理由で失敗してしまうかもしれません。エジソンが白熱電球の発明にあたって、三〇〇〇回もの失敗を重ねたという例を前にあげましたが、「失敗の理由をなくしていけば、最後には成功する」ということが重要なのです。

ホンダの創業者・本田宗一郎氏は、「私が成功者というのなら、それは過去の失敗が土台作りをしてくれたものだ。仕事はみんな、失敗の連続である。私のやったことの九九パーセントは失敗だった」と語っています。

戦後日本の「ものづくり」を今日まで力強く押し上げてきた、あれほどの「成功者」が、「九九パーセントの失敗によって現在がある」といっていたのです。もちろん、その過程では失敗の分析と欠点の排除、そして成功する方法の発見があるわけです。

「失敗は成功の母」とは、よくいわれている言葉。これは真実のようです。つまり、失敗をきちんと分析して踏まえ、次のステップにチャレンジすれば成功する、ということです。大切なのは、「失敗したら格好が悪い」などといった「エー格好しい」の自分をきれいさっぱり捨てることです。

謙虚に失敗を顧《かえり》み、次にチャレンジする、そのチャンスが失敗によって得られた、そう考えると前向きになれるはずです。

42 「素人」の発想力が、既存の価値観を打ち破る

自分の力で大空を飛びたいというのは、人類が生まれて以来の願いだったのではないでしょうか。

内外のさまざまな神話に空を飛ぶ若者の話が登場することでも明らかです。ギリシャ神

話にも、空を飛ぶ神や怪物、そして、イカロスの話などがあります。

イカロスは、父・ダイダロスとともに閉じ込められた迷宮から脱出するために、鳥の羽を両方の腕にロウで固めてうまく飛び立ちます。ところが、自由な飛行のあまりの素晴らしさに、父のいいつけを忘れて、イカロスは太陽に向かって飛んでしまいます。

これを見た太陽の神・ヘリオスが、神聖な神の領域に近づこうとするイカロスに腹を立てて、太陽の光の熱さで羽を留めているロウを溶かし、その結果イカロスは海に落ちて死んでしまうというエピソードです。

レオナルド・ダ・ヴィンチも空中散歩を夢見て、ヘリコプターの原形となるものを発明したり、ハンググライダーの元祖のようなものを作ったりしていました。

けれども、ダ・ヴィンチから四〇〇年以上たっても、人類は、まだ大空の散歩を実現していなかったのです。

私が飛行機の魅力にすっかりとりつかれてしまったのは、私の「初飛行体験」のときからです。

昭和五年ごろのある日、私は母に連れられて東京・立川の陸軍飛行場から大阪まで、六人乗りのフォッカー・スーパー・ユニバーサル機に搭乗させてもらいました。

まだ羽田空港ができる前で、日本で最初の航空会社・日本航空輸送株式会社が発足したころです。日本航空の前身となる会社です。

当時、最新型のフォッカー機は、金属のプロペラに密閉式のガラス張りの操縦室という斬新なものでした。

離陸してからしばらく、車輪が回転していたことや、籐製のイスがやけに痛かったことなどをよく記憶しています。それが、私が飛行機趣味に走る最初のきっかけでした。私が十五歳のときでした。

それ以来、私の趣味といえば飛行機。今、私が最高のぜいたくとひそかに感じていることは、夜中に自分の部屋で本物の飛行機のイスにゆったり座って、飛行機の雑誌を眺めていることです。これだけで、私はすべての厄介なことをきれいさっぱりと忘れられます。

大空の散歩を実現したのは、アメリカ、オハイオ州の自転車屋の兄弟だった、というところが面白いと私は思います。飛行機が最大の趣味でもある私に、飛行機というものを作ってくれたのですから、私にとっては他人とは思えないのです。

ライト兄弟が、あのとき飛行していなければ、飛行機の歴史も私の趣味もずいぶん違ったものになっていたはずです。

ライト兄弟が人類初の動力飛行を目指したきっかけは、ドイツの航空研究家でグライダーを開発したオットー・リリエンタールという人が一八九六年に墜落死したことだといわれています。

これは、私にはなんとなくわかる気がします。尊敬する大研究家が亡くなったので、動力飛行への期待が消えてしまう、それなら自分たちがチャレンジしてみよう、そういう気持ちではなかったかと思います。

ライト兄弟のうち、リーダーは兄のウィルバーでした。ウィルバーは、最初に、飛行させるのに適した場所を探しました。

これは、グライダーなどの飛行経験から、適した場所でないとうまく飛行させられないということがわかっていたからだと思われます。

そして、飛行地と決めたのが、兄弟が自転車屋をやっているオハイオ州デイトンから直線距離にして約八〇〇キロメートルも離れている、大西洋岸、ノースカロライナ州のキティホークでした。

そこで、兄弟は何度もグライダーでの実験をしては失敗を繰り返しています。じつは、リリエンタールなど、先人の研究家たちが残したグライダーなどの実験データにはかなりの不備があったのです。

当時は、空気より重いものは飛ばない、と数学的に証明した学者もいたそうで、人が乗って動力で飛行をするということは、ほぼ不可能だと考えられていました。そのために、きちんとした航空力学の専門家もいなかったのです。

ライト兄弟のいちばんすごいところが、自分たちが知っているデータではどうしても飛ばないとわかったところからの発想です。

まずは、グライダーでの実験を繰り返したことで、これまでのデータが信用できないことがわかってきました。その中で出てきた発想が、「垂直尾翼《すいちょくびよく》」をつけることです。これがないために、機体が空中でどうしても横滑りするのでした。

固定式の垂直尾翼をつけてみましたが、それでも横滑りするので、次に、垂直尾翼を左右に振ることで安定させたらどうかと、改良を加えます。

こうして、実物グライダーで、さまざまな改良点を発見して、次々と加えていっています。

彼等がやったのは、それまでだれも考えたこともなかった「実験」で設計を検討するというやり方だったのです。

さらに、次々と新しい発想が生まれます。飛行の実験を室内でおこなうことを考えついたということです。飛行機の機体の構造をどうしたらうまく飛ぶかということを実験するための「風洞《ふうどう》」を世界ではじめて作ったのです。

ライト兄弟が作った風洞は、直径約四〇センチ、全長一五〇センチの木の箱で、この中に、ミニチュアの翼を設置して、翼の性能を高める実験をしたのです。

これは、それまでの「機体を飛ばしてみて修正する」という方法から、「実験で数値を出して機体を作る」という今日の「航空力学」の根本の発想に流れを変える、画期的なアイデアだったのです。

こうして一九〇三年一二月一七日、ライト兄弟の「フライヤー号」はついに飛行に成功しました。最初の飛行は、弟のオービルの操縦で、このとき、約三六・六メートル、一二秒間の飛行でした。

その後、ウィルバーが搭乗して、二六〇メートル、五六秒間の飛行を果たして、文句なく人類初の飛行となったのです。

私が感服するのは、ライト兄弟が政府などの援助を受けて実験をしたのではなく、自分たちの好奇心と、費用負担だけでこの飛行を成功させたことです。

町の自転車屋が、世界の歴史に残ることをする、こんな旺盛な草の根のチャレンジ精神が、アメリカの底力なのだろうなあ、とつくづく思います。

歴史の中には、こういういわば「素人」が偉大なことを成し遂げるという例がたくさんあります。日本にも高い技術を持った「素人」がたくさんいるはずです。素人は既存の価値観にとらわれない自由な発想ができるという特典があります。その特典を活かす最大のキーワードが好奇心なのではないでしょうか。ですから、「私は素人ですから……」はやめていただいて、どんどんと新しいことにチャレンジして欲しいのです。

43 チャレンジは小さいことのほうがいい

旅行といっても、はっきりとした目的を持って旅をする、植村直己のような冒険家タイプの旅行と、私たちのリラックス旅行とではずいぶん趣《おもむき》も違うでしょう。

世界一周の船旅の乗客には、「もう年だから、のんびりするだけでもいい運動です」などという人がけっこうたくさんいます。まだ、七十歳くらいの人でもそうなのです。

そういう人に、ぜひ知っていただきたいのが、三浦敬三、三浦雄一郎親子の信じられないほどの快挙です。

子・雄一郎は、七十歳でエベレスト初登頂の快挙を成功させました。このとき息子の豪太（当時三十三歳）もいっしょに登頂しました。これは、エベレスト登頂最高年齢記録、「七十歳二二二日」と「日本人初・親子同時登頂」記録の樹立の日でもありました。

雄一郎は子ども時代には体の弱い子だったといいます。

おまけに勉強でも失敗をして、十一歳のころには、中学を落第して一時精神的に落ち込み、引きこもりの状態になったこともあるといいます。

このときのお母さんの言葉が印象的です。

「雄ちゃん、中学を一回や二回落ちたってどうってことないよ。じいちゃんなんか、一回選挙落ちたら四年間我慢しなけりゃならないんだよ」

このひとことで、「やりたいことをやればいいんだ！」と、すっかり吹っ切れたと、のちに語っています。

一方、父・敬三は、九十九歳のときに雄一郎とともにスキーでモン・ブランを滑り降りるという大冒険を達成しました。

滑り降りるためにはまず登らなければなりません。九十九歳でモン・ブランに登ること自体が超冒険です。

そして、雄一郎はこんな印象的なこともいっています。

「もう歳だからと枠を作ってしまうとダメになる。夢で人生変わってくるんだ」

私がみなさんに伝えたいこともまさにこのことなのです。「夢を持つこと」「チャレンジすること」で人生は確かに変わるものです。少なくとも、好奇心を持ってチャレンジすれば、それだけでも二倍は楽しくなるのです。

夢やチャレンジは、必ずしも大きい必要はありません。私はむしろ小さいほうがいいと思っているくらいです。

見果てぬ夢より現実的な夢のほうが、日々の人生には大切だと考えるからです。

44 逆転の発想は、好奇心から生まれます

地球上は、どこもかしこも探険され尽くして、もはや新しい発見はないのか、と思ったらそうでもありません。

今度は過去の歴史を発掘するというチャレンジがあるのです。

ここでも、コロンブスのアメリカ大陸発見と同じくらいに逆転の発想が必要になることがあります。

たとえば、人類がいったいどこから生まれて、どうやって地球全体に住むようになったのか、という究《きわ》めて基本的なことも、まだまだ明快には解明されていません。

おおまかには、アフリカで最初の人類＝ホモサピエンスが生まれて、その子孫がアフリカ全土からヨーロッパ、アジアに移住したのではないかといわれていますが、アジアでは、

その時期に別の人類が生まれていたかもしれないともいわれます。

私たちが、どこで生まれてどこからどう移動してきたのかということも、まだまだ未解明なのです。

いうなれば、そんな基本的なことも知らずに、つまり、どこの国の人とどこの国の人が親戚なのかも知らずに、私たちは交易をしたり戦争をしたりしてきたというわけで、まったく人類の歴史とは未熟な文明だったというほかありません。

もしかしたら、ご先祖様の国をそうとは知らず侵略したりしてきたかもしれないわけですから。人類の歴史を調査するというのは、そういう意味で、大いなるチャレンジだといえます。

今は、さしたる力を持たない国でも、今、強大などこかの国の祖先の国だとなれば、その国の人々に対する尊敬の度合いがまったく変わるであろうと私などは思いますね。

現代の冒険は、まず、人とは違う発想でとり組むことが求められるようです。

エベレストに登る、というだけではそれこそ私の母も途中まで登ったくらいですから、現代ではそんなに珍しいことではありません。太平洋をヨットで横断するというのも、すでに大冒険とはいえなくなっているでしょう。

すでに達成された冒険に、新たに冒険してみせた「コンチキ号の冒険」の話をしてみたいと思います。

45 口だけでなく行動に移すのが重要

この冒険を実行したのは、トール・ヘイエルダールという人です。トール・ヘイエルダールは、一九一四年一〇月六日、南ノルウェーに生まれました。オスロ大学で動物学と地理学を学び、一九三六年、ポリネシアの島で動物学の研究をおこなううちに、人類学に関心を持ったようです。

彼は、ポリネシアの「チキ神話」とアメリカ大陸のインカ帝国の伝説の類似などに関心を持ち、太平洋の島々と、南米の間に交流があったのではないかと仮説を立てました。

それが、ペルーの神話と巨石の文化の一致点から、古代アメリカとポリネシアとに交流があったとする「コン＝チキ学説」です。

学説を発表するだけでは終わらないところが、「言葉だけの人」と「行動してチャレンジする人」、との決定的に違うところです。ヘイエルダールは、この斬新な学説を発表しただけでなく、実際に、バルサ材で作った非常に簡素ないかだで、ペルーから太平洋に乗り出したのです。

一九四七年四月、この粗末ないかだでペルーを出航したヘイエルダールは、一〇一日後に約七〇〇〇キロメートル離れた南太平洋のトゥアモトゥ諸島(フランス領)のラロイア環礁《かんしょう》に到達しました。まさに、「漂流」の名にふさわしい「快挙」です。

ただただ、風にまかせて、海流にまかせて流されただけなのです。悪くすれば、大海の真ん中をぐるぐる回るだけで、どこにも陸地には到達しないことも十分にありうるチャレンジでした。

ペルーからポリネシアに文化が伝わったという説は、実際には否定されているようですが、いかだで数千キロの大海を渡るというチャレンジをおこなったというところが今でも評価されています。

古代の人類は、そういう危険を冒してでも、まだ見たことのない土地を目指して航海したのです。

ヘイエルダールのチャレンジは、現代にもいくらでも解き明かすべき謎があること、人類はつねにそんな謎にチャレンジしてきたのだということを、まざまざと思い起こさせてくれるのです。

46 お互いに刺激になる相手を見つける

私の父・茂吉と母・輝子は、どちらも完全主義的なところがありました。完全主義といっても、二人はまったくタイプが違っていました。

父はなにしろ真面目で几帳面、日々のことを細かく手帳に書き記す、「神経質な完全主義者」でした。完璧を目指して理論的に追究し、人と激しく論争することもありました。「外面がよく内面が悪い」という点では家族の意見は一致していて、気が短く怒りやすいところもありました。

母は、すでに触れたさまざまなエピソードからもわかるように、自由奔放な性格。けれども、「なにごともいちばん」が好きな人で、だからこそ、南極やエベレストにまで行ったのだと思います。いわば「楽天的な完全主義者」でした。お互いに正反対の性格であることは自覚していたようで、意見が対立することも多かったようです。父はよく母を叩いたようで、父の日記には「輝子を殴る」という記述がそこここにあります。それでも、「殴った」ことを記録しているのですから、それ相応の理由があったのでしょう。

意見がぶつかって興奮し、父が、ついつい手を出してしまうようなことがあったのだと思います。母は、殴られてひるむような人ではありませんから、いいたいことをいって、気にくわなければプイと出かけてしまったのでしょう。そのせいで、母は日中ほとんど家にいなかったのかもしれません。

そんな二人でしたが、お互いに刺激になっていたことは確かです。それぞれ自分のやりたいことを別々にやりながらも、旅行に行くときにはいっしょに行ったりしていましたから。少なくとも父の歌人としての活動に母の性格がなにがしかの刺激を与えたことは疑う余地はありません。

結局、まったく違ったタイプの「完全主義者」だったために、正面衝突して決裂するということにはならなかったのです。ある意味で、お互いに高め合っていたのかな、とも思えます。とくに母のいざというときの行動力は、何度も家族を救っています。

47 挑戦するときに大事なのは「自分は自分」の考え方

友人を選ぶときも、相手がどういう性格かをよく見極めなければなりません。口では理想主義的なことをいっていても、実際の行動はまったく理想とはほど遠い人というのがたくさんいます。

完全主義的な人でも、「人には厳しく要求するが自分には甘い」という人と、「人にも自分にも厳しい人」「人には優しいが自分には厳しい人」などさまざまです。

なにか新しい仕事なりプロジェクトをやろうと思っても、やけに悲観論的な人も多いでしょう。「そんなことうまくいくわけがない」と決まって否定的な態度をとるような人です。反対に「いいんじゃない。試しにやってみれば」という人でも、協力を惜しまない人と、まったく非協力的な人とがいます。

アメリカの自動車王・ヘンリー・フォードは、「成功したければ自分よりはるかに優秀な人に囲まれて仕事をしなさい」と語っていたそうです。とにかく、なにかをいっしょにやってみるまでは、その人がどういう性格なのか、口でいっている通りのアイデアを実現しようとしているのか、それとも口先だけなのか、まったくわかりません。

ひとつだけいえるのは、「とにかく行動する」ということです。「この人といっしょにやって、失敗してもともと。うまくいけばおなぐさみ」と割り切ることです。友人が人を引っ張っていくくらいのパワーを持っているのだったら、すべてをまかせて引っ張られてみるのも選択肢のひとつ。

もちろん、うまくいかなかったときのこともよくよく考えての上ですが。「時代の流れに乗る」ということもあります。友人に世の中の動きを敏感に感じとる力があるかもしれません。そんな人であれば、ぜひいっしょに流されてみるのもいいでしょう。

ただし、「自分は自分」ということ。つまり、途中で「おかしいな。こんなはずではなかったぞ」と思ったら、いつでも撤退する勇気を持っていなければなりません。そして大切なのは、最終的にもし失敗しても「自分の責任」だということ、これだけはきちんと自覚しておくべきです。

48 自分流でいけそうなら、ジャンプしてみる

なにごともマイペースで、とくに仕事に関しては堅実に進めるのもいいのですが、あまりに消極的だと、面白みや充実感に欠けます。ときには変化が欲しいもの。

人生にも「転機」というものがあります。そういうときは、それまで未経験の仕事にあえてチャレンジしてみるのはいかがでしょうか。

映画の字幕翻訳でよく知られる戸田奈津子さんは、人生の転機を思いきったチャレンジでつかんだ一人。映画の翻訳は、英語をそのまま直訳するわけではありません。そのまま

訳したのでは意味がわからないことさえあり、また、俗語＝スラングが多くて、翻訳がむずかしかったりします。そこを、自分のボキャブラリーで面白くする職人芸的な仕事です。戸田さんは、そんな字幕翻訳の職人的世界に、まったくの未経験なのに自ら飛び込んでいきました。当時の字幕翻訳の第一人者、清水俊二さんのもとに、一方的に押し掛けて弟子にしてもらったというのですからまさにチャレンジです。

その清水さんがあるとき、来日したハリウッド・スターの記者会見での通訳をやってみないか、と戸田さんに打診してきたそうです。

ところが、その時点で戸田さんは、翻訳ならいくらか経験を積んでいましたが、現場で直接、会話を訳す通訳は、経験どころか、英米人と英語で話した経験すらあまりなかったのです。

辞書をひきながら机の上でできる翻訳と、その場で当意即妙《とういそくみょう》に英語を日本語に、日本語を英語に訳す通訳とでは同じ「英語の仕事」でもまったく勝手が違います。

ところが、戸田さんは思いきってチャレンジしました。「この話を断ったら、今後、映画に関わる仕事を依頼されなくなるかもしれない」と考えて一大決心をしたのです。その結果、ぶっつけ本番の通訳の仕事は戸田さんご本人としては「冷や汗」ものではありましたが、なんとか役目を果たせたのです。そして、その後は翻訳、通訳その他いろいろな仕事が入ってくるようになり、今日の第一人者への歩みがはじまったそうです。

少し無鉄砲なくらいでも、自分流でなんとかいけると読んだら、思いきってジャンプすることもときには必要なのです。

49 何歳になっても、なんでもできる

最近、テレビの娯楽番組を見ていて気になることがあります。それは、年齢のことをよくネタにして、「もう××歳なんだから、いい加減に落ち着いたら」といったような会話が交《か》わされることです。

その「もう××歳」というのが、二十歳を過ぎたらもう「おばさん・おじさん」とか、女性が三十歳を過ぎて未婚だったら「負け犬」だなどといって、私から見たら孫くらいの年齢の人のことを「もう若くない」と称しているのです。

もちろん比喩的に「若くない」といっているのでしょうが、「××歳になったら××は似合わない」とか「××歳では××をするべきではない」という考え方がそこにはあるように感じられます。

私にいわせれば、こういう考え方こそが、早く頭も体も老化させる原因だと思います。人間、何歳になってもやってみたいことがあるはずで、逆になにかをやってみようと考えるほうが精神的にも肉体的にも健全な発想です。それなのに、三十歳を過ぎたらもう人生の大部分は終わったかのような表現をするのはどう考えても不合理でしょう。

そんな発想でいくと、私は三十歳近くまで戦争の中で青春を過ごしていましたし、三十代は、戦後の混乱と病院の復興のためにほとんどを費やしてしまいました。おかげで四十歳を過ぎたある日、倒れてしまったわけです。

それでは私は人生を半分くらい損したのかというとそんなことはありません。戦前も戦争中も充実した生き方をした、と思いますし、四十歳を過ぎても五十歳を過ぎても、自分なりに楽しく過ごしてきました。今、九十歳を目前にしていますが、まだまだ楽しむつもりです。

よく「年相応のファッションを」などという話を耳にしますが、私はファッションこそ自由気ままに楽しむべきだと主張してきました。七十歳くらいのときには、よくハワイのカラフルなアロハシャツを着ていました。これは効果てきめんで、二、三十歳若返った気分になります。しかも、ハワイ気分になれるので、自宅の風呂に入ってもワイキキビーチにいるようなイメージが湧いてきます。

というわけで、自分で自分たちがすることに「年齢制限」を課すことはまったく意味のないことだと思うのです。「四十の手習い」どころではなく、五十歳代でスキーをはじめた人もいるし、八十三歳で大学に入学した方もいます。

スキーヤーの三浦雄一郎氏の父、故三浦敬三氏は、九十九歳のときに息子の雄一郎氏とともに、ヨーロッパ・アルプスの名峰、モン・ブランに登り、スキーで滑り降りるという大冒険を達成しました。

なにかをしたいと思っている人は何歳になってもチャレンジするべきで、それこそがいい人生のエネルギーになるのです。

第4章

人生を見つめるチャンスは「旅」にある

50 月日も旅そのもので、そして人生も旅である

旅が人生そのものであるという境地を示した人が芭蕉です。

俳聖《はいせい》とまでいわれる方を呼びつけにするのは、いささか失礼だと思いますが、他の登場人物の方々とのバランス上、芭蕉、とお呼びすることをお許し願います。

この方も、私の偉大なる師匠だと思います。私は、いろんなものを見、経験をし、喜んだり笑ったりして、それをメモするのが楽しみで旅に出ます。

しかし、芭蕉は、そんな雑念をはるかに超えていると思います。確かに各地の光景、風情を俳句に詠《よ》んでいますが、旅そのものがご本人の人生、という感じが紀行からもありありとうかがえるのです。

松尾芭蕉は、一六四四（寛永二一）年、伊賀国上野赤坂町に生まれました。現在の、三重県上野市赤坂町です。

生家は農家でしたが、正式に「松尾」の姓を持つ家柄だったといいます。従って、松尾というのは本名で、俳号としては「芭蕉《はせを》」だけになります。

芭蕉というのは、庵の号、芭蕉庵から呼ばれる呼び名で、神仏などに奉納する改まった

場では、署名に「桃青」または「芭蕉桃青」と記したそうです。
大の旅好きの私が気になるのは、やはり『おくのほそ道』の最初の一節です。

月日は百代《はくたい》の過客《かかく》にして　行《ゆき》かふ年も又旅人なり
舟の上に生涯をうかべ　馬の口とらえて老をむかふるものは
日々旅にして旅を栖《すみか》とす

芭蕉の理想というものがあったとしたら、きっとここにある、「舟の上に生涯」を過ごしたり、「馬の口」を引いて旅から旅へと日々暮らすような生き方だったのではないでしょうか。

51 旅こそ、人生を見つめるチャンス

じつは芭蕉は忍者ではなかったか、という珍説もあります。旅行の日程が俳人のそれとしてはあまりにも急いでいることなどが根拠だそうです。

けれども、私は、芭蕉は旅が好きだっただけではないかと思います。一カ所に到着すると、次の目的地に早く行ってみたくてしょうがない、そんな芭蕉の姿が私の想像には浮かんでくるのです。

それというのも、『おくのほそ道』の旅は、じつは松島に行きたくてしょうがなかった、というだけが旅のきっかけだった節があるからです。芭蕉が大変衝動的に旅をしていたのではないかな、という感じをもたせるのです。

思い立ったらじっとしていられない、そんな方ではなかったかと思うのです。

ちなみに、「松島や」の句は、芭蕉の作として紹介されることが多いのですが、芭蕉は松島では句を詠んでいません。これは、中国の文人が「絶景を前にしたら語らない」としていることの影響かもしれないという分析もあります。

それで「松島や」の句はだれの作かというと、江戸時代後期の狂歌師・田原坊の作だとされます。

芭蕉が、それほど憧れた松島に、一泊しかしていないというのも非常に興味深いところです。

望んでいた最高の風情をしっかりと目にしたら、翌日はもう旅立つという粋《いき》な振る舞いでしょうか。

私も、こんな洒落た旅をしてみたいものです。

芭蕉の最後も旅の途上だったことが、生きざまを象徴しています。

有名な句があります。

旅に病んで夢は枯野をかけ廻《めぐ》る

この句を詠んで四日後、芭蕉は大坂御堂筋の旅宿、花屋仁左衛門方で客死しました。享年五十一歳。一六九四（元禄七）年一〇月一二日のことでした。

私の旅好きは、いろんな所で、また私のすべての本で触れていますが、あらためて考えてみますと、私は単なる旅好きというより、旅なくしては自分の人生はなかったのではないか、というくらいに思うこともしばしばです。

その意味では、芭蕉の心境にも近いのではないか、と、こちらもしばしば考えたりします。

メモ帳片手に小さな旅をすることから、あらためて自分の人生を見つめなおすことができるのは、やはりほんとうですね。

52 旅の中では、トラブルも「楽しみ」に変わる

旅行は私のストレスコントロール法の中でもいちばん効果的です。

旅行で日常から離れることでストレスを軽減しようということですが、旅先でかえって不満を感じたりすることがあります。

たとえば、旅に同伴する人が自分本意な行動をとって、思ったように楽しめないということもよくあります。

たくさんの人が参加するパックツアーであれば、二〇人くらいツアー客がいると、ときどき集合時間を守らない人がいたりします。そういう人のためにうんざりさせられるかもしれません。

海外旅行でよく聞くのが、宿泊するホテルの部屋は海が見える「オーシャンビュー」の部屋だとツアー日程にも書かれていたのに、行ってみたら山しか見えなかったといったトラブルです。

こういうトラブルは困りものです。海が見えるかどうかだけの問題ではなくなって、その旅行全体が面白くなくなります。こういうときは、旅行会社にホテルを変えるか、代金

を返金するように掛け合うしか方法はないでしょう。

また、いちばん期待しているところに行ってみたら、なぜか休みだったなどということもよくあります。美術館などは、不規則な休みのことがあるし、海外の遺跡も修復工事で入れないということがしばしばです。

私は、それでも十分旅行を楽しむことができると思います。旅行の目的は、その場所を見ること、というより、非日常を楽しむということなので、「臨時休業だった」ということは非日常のひとつだと考えるからです。

天候が悪くて観光船が出航しなかったとか、きれいな山の景色がまったく見えなかったというときには、「またいつか、ここに来る楽しみができた」と考えるのです。

もちろん、海外だとそう簡単に行くことはできませんが、長い人生のうちに、また来ればいい、と考えるのです。

きっと、次にはきれいな山が見えるよ、と思いを残しておけばいいのです。いろいろな思い出を世界各地に残してくる、それも旅行の大きな楽しみだと思います。

53 旅行は、自分の心を投影するスクリーン

私はときどき、自分の本職がなんだかわからなくなることがあります。

もちろん精神科医が生活の糧ですが、医者でもあり、物書きでもあり、旅に出れば旅人でもあるという、いろいろな自分がいて、それがまたそれぞれ違った性格を持っているのです。

そしてそれぞれを観察することが面白いのです。

飛行機の趣味に没頭しているときには、絶対に精神科の医者ではないし、船旅の旅行記を書いているときは、飛行機のことはそっちのけです。

そして、自分がそのときどきに、いろいろな人間になっていることには、精神科医として大変興味があります。

この性格のすべてに一致していることは、旅行が大好きだということです。

自分を観察していて感じたことですが、旅行が好きだという人は、自分が変化することも好きなのではないでしょうか。

私は、自分が喜んだり、怒ったり、驚いたり、笑ったりするたびに、私という人間は面

白い人間だなあ、自分を自分で見ていて飽きないなと思ったりします。それは旅行をしているときに、訪れた先の風物に感銘している気持ちと似通っていると思うのです。

風物は、驚くほど美しいかと思うと、まったく期待を裏切られることもあります。そのどちらも、自分の中にある部分で、旅行というスクリーンに自分自身を投影しているからのような気になります。

トラブルに遭《あ》ったり、失敗してめげたりする自分を見たくない人が、旅行をおっくうがるのではないかと思います。

私は前述のように、トラブルまで楽しんでしまいますから、どんな目に遭っても、また旅行に行くのです。

ある意味では、いつまでも新しいもの、感銘できるものを探して私のこころが放浪していることのあらわれが、旅行という行動につながるのかもしれませんね。

54 ものを作り出す中で、こころを自由に放浪させる

レオナルド・ダ・ヴィンチは、『モナリザ』や『最後の晩餐《ばんさん》』などの絵画でよく知られていますが、それ以外に彫刻から建築、ヘリコプター、潜水艦、戦車まで創造した文句のない天才でした。

私は、このレオナルドに、なぜか親密感を覚えるのです。レオナルド・ダ・ヴィンチは、一四五二年四月一五日にイタリアのヴィンチで生まれました。

ここでレオナルドを登場させたのは、彼がフィレンツェ、ミラノ、ヴェネチア、ローマと各都市で活動し、フランスのクルーというところで亡くなるまで、じつに活発に動き回っていたことも理由のひとつです。

けれども、それ以上に、ヘリコプターやハンググライダーの発明など、旅心の持ち主であることが、このカテゴリーにふさわしいと思ったのです。

いわば、レオナルドのこころはつねに大空にあり、旅にあったと私には思えるのです。

有名な絵画があるわりには、レオナルドは完成した絵画は、数少なく、現在残っているのは一七点に過ぎないそうです。

未完成に終わったものが多いことも、彼のこころの放浪を象徴しているように思えます。中でも面白いエピソードは、フィレンツェのヴェッキオ宮に「アンギアリの戦い」を題材にした壁画を描くように依頼されたときの話です。

この仕事では、反対側の壁に、芸術でのライバルだったミケランジェロが壁画を描くことになっていたのです。

ところが、膨大な予算をかけて準備されたこの壁画を、レオナルドは完成させることなくフィレンツェを離れてしまったというのです。

おまけにミケランジェロまで、途中でフィレンツェから離れてしまったので、結局、この壁画は別の画家が完成させることになってしまいました。

ライバルとの競い合いなどに関心がなかったのかどうかはわかりませんが、まさに、自由に放浪する人だったのではないかと思える話です。

戦車や潜水艦、クラスター爆弾なども発明したレオナルドですが、のちに、戦争はおろかだと気づいて、そういう発明はいっさいやめたということです。

自分の発明がどういうふうに使われるかまで考えなかった、よくいえばこだわらない性格だったのでしょう。気ままに天才的なアイデアを、ノートにしていったようで、中にはロボットの構想まであったといいます。

ルネッサンスという自由の空気を思うままに呼吸して生きた、放浪の表現者、私にはレオナルドがそんなふうに見えるのです。

55 ほんとうに疲れたときは、船旅をおすすめします

私にとっての旅行は船旅がいちばんです。

私は飛行機が好きなので、飛行機に乗るのも大好きですが、こと「旅を味わう」ということになると、やはり船旅に勝るものはありません。

数年前に、豪華列車の旅も経験しましたが、列車はどうしても揺れるので、ゆったりするというわけにはいかないのです。

その点、船旅は、海がそうとう荒れない限り、まさにリラックスした旅を楽しむことができます。

日本にも、「飛鳥《あすか》」や「にっぽん丸」といった豪華客船が就航して、船旅がより身近になりました。ただ、まだ船旅というと「ぜいたくな旅行」というイメージがあるようで、今ひとつ一般的ではないようです。

豪華客船でも、船室の料金はピンからキリで、一番高い船室を望まなければそんなにむやみに高いというわけではないと思います。

たとえば、沖縄あたりに飛行機で行って、ホテルに泊まったりすることを考えれば、船で行けばホテル代がかからないぶん、リーズナブルな価格になるのです。

飛行機ともっとも違うことは、船内にいろいろな設備があって、それをすべて楽しめるほか、食事の楽しみは飛行機の機内食とは比べものになりません。

それに、なんといってもベッドでゆったり休めてリラックスできる、そこがいちばんのポイントでしょう。

往復する時間さえ許されるのであれば、私は船旅をおすすめします。

ただ、究極の冒険の船旅というのもあります。ここでは、その例を説明してみたいと思います。

日本での冒険船旅の先駆者は、といえば、堀江《ほりえ》謙一《けんいち》の名前を忘れることはできないでしょう。

堀江謙一は、一九三八年に大阪府に生まれました。

関西大学第一高校でヨット部に所属し主将を務めます。この高校は、大阪府下では唯一のヨット部のあった学校で、堀江は、入部するまでヨットに触ったこともなかったといいます。

ただ、ヨット部の練習は厳しく、いっしょにヨット部に入部した十数人の内、半年後に残ったのは、堀江一人だったそうです。

高校卒業後は外洋レースに参加して活躍。そして、一九六二年五月一二日、西宮の岸壁から全長五・八メートルの小さなヨット「マーメイド号」に乗り、「太平洋ひとりぼっち」の旅に出たのは、堀江謙一、二十三歳のときでした。

八月一二日、アメリカ、サンフランシスコのゴールデンゲート・ブリッジの下をくぐって、堀江は太平洋単独横断を達成しました。九四日目のことでした。

面白いのは、あまりにも画期的な挑戦で、いっさい前例がなかったために、堀江の準備にいささか問題があったことです。

彼は、アメリカに渡航するためのパスポートも渡航ビザもいっさい持っていなかったのです。

そのため、いったんは、サンフランシスコ港から入国管理当局に連行され、いろいろと取り調べを受けたといいます。

けれども、サンフランシスコの市長が、特別なはからいで入国を認めてくれたのです。

そのときに市長がいったのが、

「コロンブスもパスポートは持っていなかったでしょうからね」

というまことにユーモアあふれる言葉でした。

いかにもアメリカ人らしい人間味あふれるユーモアですね。日本のお役所だったら、入管に泊めておいて強制的に送還するということになったでしょう。

パスポートを持っていなかった、というのは笑えるエピソードですが、それほど、先駆者がいなかったということです。

太平洋とは名ばかりで、外洋に出れば嵐は凄まじいし、日中の太陽光はさえぎるものがなければ殺人光線です。水と食糧の心配もあります。これは、あくまで冒険で、リラックスできる船旅ではもちろんありません。

そんな過酷な船旅に、その後も何度も挑戦しているのが堀江謙一のすごいところだと思います。

一九七四年には、西回りで単独無寄港の世界一周、一九八二年には初の「縦回り世界一周」を達成しているのです。

堀江はさらに、一九九九年には、ビール樽とペットボトルのリサイクルによるヨットで単独太平洋横断を実行するなど、まさにあくなき冒険魂です。

堀江謙一にとっては、太平洋がまるで池のようなものなのだろうか、と思わず聞きたくなります。

私も、堀江謙一にはとうてい及びもつきませんが、私流の目標を持って、今後も船旅をはじめとする旅行には精を出したいと思っています。

56 旅先でのお洒落で、何歳も若返る

船旅では、ドレスコードが決められていることもあります。毎日、船内新聞などで、「本日はカジュアル」とか、「インフォーマル」、または「フォーマル」などと掲載されるのです。

ドレスコードなんて面倒臭いという人もいますが、一生に、そう何度もフォーマルな格好をする機会もありませんから、なにごとも経験が大事です。

フォーマルとされた日には、自分の部屋以外では、男性はダークスーツ、礼服、ディナージャケットなど、女性はカクテルドレス、イブニングドレス、和服などの着用となります。

男性は紋付、羽織、袴《はかま》でもOKというので、クイーン・エリザベス二世号にはじめて乗

船したとき、試してみました。

この和服は、船内ではずいぶんと人気を集めて、とてもいい気持ちでした。けれども、思ったより着付けが大変で、家内の助けでようやく着ることができたというところです。それ以来、船旅での和服はやめました。

こういったお洒落は、船旅に変化をつけてくれるので私は気に入っています。今日はどんな服を着るかな、などとふだんの仕事をしていて悩むことはありませんから、ちょっと貴重な経験です。

夫婦で乗っていれば、お互いの服装のコーディネートを楽しむこともできます。日常ではとても考えられないことです。

思いきってドレスアップしたり、反対にＴシャツなどでドレスダウンしたりといろいろ楽しみが増えます。

考えてみると、日常でもこういったドレスアップの日というのを設定してもいいわけで、そんなヒントも得られます。

とくに、「私はもうお洒落なんて年じゃないから」といっている人には、ぜひとも試していただきたいと思います。きっと、よい刺激になって、何歳も若返ること請け合いですから。

57 「人間」を通してこそ、学べることがある

世界一周の船旅に出ると、そこにはじつにいろいろな人がいます。そんなバラエティ豊かな人物たちを観察しているだけでも、船旅はじつに面白いものです。

九〇日以上も日本を離れているのですから、乗っている人はほとんどがリタイアした人です。ということは、人生の「酸いも甘いも」知っていて当たり前の年齢の人たちなのですが、実際はそうでもないところがまた面白いのです。

船の上にも、いろいろな人間関係が生まれて、さまざまな感情が行き交ったりと、けっこう飽きることがありません。

たとえば、世の中には「話し上手」な人というのがいます。話がうまいというのですから、話すことを商売にしている落語家やアナウンサーや人気のある評論家などなら話し上手かというとそうでもないのです。

落語家やアナウンサーのように、一方的に話し掛けること、話しつづけることと、相手の状態、気持ちなどを察知して、相手が乗ってきやすいように会話をすることとは別のことのようです。

船旅では、毎日のように顔を合わせる人ばかりですから、いつの間にか気の合った人たち同士のグループができるものです。その各グループには、必ずといっていいほど、グループの中心になる人物が決まっているのです。その人がデッキなど、どこかに陣取って、その人のまわりにいつもの人たちが集まってくることで自然にグループができあがります。

ただ、中心人物が話し上手ならいいかというと、これがそうでもないのです。

中心になる人は、いちおう話し好きな人、世話好きな人です。リーダーシップのとれる人といってもいいでしょう。面白いのは、こうしたグループは、最初は同じようにそれぞれのメンバーが集まってくるのですが、次第に解消されるところと、そのまま継続してさらに仲良くなるグループとに分かれるのです。

この違いは、私が観察したところでは、いつの間にか解消するグループの中心になっていた人は、いつも自分が語り手になるという傾向が見られます。

他の船客が、まだ見たことがない国の話をよく知っていて、毎日いろいろなところの話をしてくれるのですが、いつも自分が語っているわけです。そうなると、やはりいつかその人の話にはみんなが飽きてくるのです。

一方で、長続きするグループの中心人物は、次第に、加わってきた人に話を向けるようにしているのです。たとえば、「斎藤さん、私はエルサレムには行ったことがないのですが、斎藤さんは行かれてるのでしたね」といった具合に、会話の途中で他の人に話のリーダーシップを振るわけです。

こういう船旅に来ている人は、どこかしら自分の得意な国や観光地があるもので、その話なら経験を交えて面白おかしく話せるのです。

そんなふうに、話のホストを振っていく、司会者的な人が中心になっていると、そのグループはずっとつづくというわけです。つまり、中心になる人が話し上手というより、聞き上手、話の引き出し上手な人のほうが長持ちするのです。

これは、人生の縮図でもあるかもしれません。つねに「自分が自分が」という人は、結局、孤独になってしまうということです。ニコニコして人の話を聞いているほうが、意外にも「話し上手」といわれるのです。

そんなことも勉強できるのが船旅の面白さです。

58 こころが輝く「他愛ない目的」を持とう

旅行がおっくうになる、という人があげる理由のひとつに、有名な観光地に行ってもどこも変わり映えしないし、そこでとくにすることもない、というのがあります。

この最初の「変わり映えしない」ということには、いささか疑問を呈します。本書で再三述べているように、ものの見方、考え方によっては、見慣れた景色でも面白くなるのです。

次の「することがない」ですが、これは、なにか工夫をするほかありません。私の知っている私と同年輩くらいの人には、世界中のオペラを見て回るという人や美術館を見て回るという人、各地のワインを飲み比べるという人など、さまざまです。

みなさん、それぞれに自分なりに目的・目標を設定して旅行にいそしんでいるのです。

私の船旅にも、ひとつの目的があります。それは、「世界の橋を持ち上げる」ことです。もちろん、実際に橋を持ち上げるわけではなく、「持ち上げているように見える写真」を撮るのです。この楽しみの発端は、関門海峡大橋でした。完成したばかりの橋に広島から乗って、佐渡に回るというときに、船会社の社長さんが、その新造船の屋上でカメラマンに撮らせてくれた写真が「橋の持ち上げ写真」だったのです。

私はそのとき「両手をあげてください」という言葉に、半信半疑のままで両手を上にかざしたら、できあがった写真ではみごとに巨大な関門海峡大橋を私が持ち上げているではありませんか。

そこで、「世界の橋を持ち上げる」写真に病みつきになったというわけです。

日本では、明石大橋、横浜ベイブリッジ、東京湾レインボーブリッジ、海外ではサンフランシスコのゴールデンゲートブリッジ、ニューヨークのベラザーノ・ナロウブリッジなどなど、おもだったところはだいたい持ち上げました。

これからは、川にかかる大きな橋にチャレンジしようと考えています。

こんな他愛ない目的・目標でも、けっこう楽しめるものです。ぜひ、なにか目的を旅先で発見して、それを目当てに出かけるといいでしょう。

59 旅をするなら発見して楽しまないとソン

これまでにも書いたように、私にとって旅行とは発見の連続です。発見がない旅行は、じつに味気ないものでしょう。逆にいえば、旅行をするからにはいろいろな発見をして大いに楽しまないとソンなのです。

もちろん、コロンブスも、ライト兄弟も、その他の多くの冒険家も新たな世界、新たな記録、そして、自分たちの好奇心の発露と満足に加えて、ある程度はお金と名誉も手に入れようと考えたのだと思います。

けれども、そこには単なる私利私欲だけではない、人間の歴史を動かす、底しれぬパワーのようなものを私は感じます。

大西洋を、無着陸で横断飛行した人、リンドバーグにも、私はそういう、金銭や世俗的な名誉欲を超えた歴史的な偉大さをひしひしと感じます。なにしろ飛行機は私にとって究極の好奇心の対象ですから。

欲とか得とかだけではとうていなし得ない、キラリと輝くものが、彼等、彼女等の発想の中にあったと思うのです。

チャールズ・リンドバーグは、一九〇二年二月四日にアメリカ・ミシガン州デトロイトで生まれました。父親は弁護士で、のちに国会議員になり、第一次世界大戦にアメリカが参戦することに反対を唱えた人でした。

チャールズは、子どものころから機械に触ることが好きな子どもだったようです。長《ちょう》じて、ネブラスカ航空機という会社でパイロットと整備士の訓練を受け、飛行機を購入して曲芸飛行士になりました。この間、郵便飛行士をしていたという評伝もあります。

一九二四年には、アメリカ陸軍航空隊に所属して、パイロットとしての教育を受け、訓練を一番の成績で終えてから、民間航空会社ライン・セントルイスのパイロットの仕事に就きます。

アメリカは、広大な中西部に行くと、自家用機の保有が珍しくないという土地柄です。農園の肥料の散布も、飛行機でおこなうのがふつうというスケールの大きさなので、パイロットの免許をとることは、ごく当たり前のことのようです。しかし、経歴を少しのぞいただけでも、チャールズが無類の飛行機好きであることは、間違いなく伝わってきます。

チャールズは、一九二七年五月二〇日にニューヨークのルーズベルト飛行場を飛び立ち、二一日にパリのル・ブールジェ空港に三三時間三九分かけて到着しました。

「スピリット・オブ・セントルイス」の世界初の単独無着陸大西洋横断飛行が成功したのです。

この飛行は、当時としては非常に危険なものだったことは、あまり知られていないのではないでしょうか。

この横断飛行には賞金がかかっていました。成功すれば二万五〇〇〇ドルが手に入るというものです。

チャールズは、セントルイスの事業家に資金を援助してもらい、「スピリット・オブ・セントルイス」を購入したそうです。

この「スピリット・オブ・セントルイス」の飛行時の状態が凄まじいのです。

とにかく膨大な燃料を積まなければならないので、機体のあらゆるところに燃料タンクを増設し、非常用のパラシュートも重量を減らすためにはずしました。おまけに、燃料計や無線機まではずしたというから決死の覚悟だったわけです。

それによって、常識はずれの燃料の量、四二五ガロンの搭載に成功しました。

機内に持ち込む手荷物はサンドイッチ五個と一リットルほどの水だけ。まさに、命がけの飛行だったのです。

燃料タンクのために、前方も見えず、「翼よ、あれがパリの灯だ」という有名なセリフは、前が見えないのだから厳密にいうと「ウソ」だという指摘もあるほどです。

途中、底しれない睡魔に襲われたり、翼に氷が張り着いて機体が重くなってきたり、コンパスが壊れて方向がわからなくなったりというさまざまな困難が連続しました。

そんな苦境をくぐり抜けながら、とにかく、総飛行距離五八〇〇キロメートルを無着陸で飛んでしまったのです。

60 一人の勇気と希望が世界を変える

このチャールズ・リンドバーグの大西洋横断飛行自体は、およそ旅行というイメージには合いませんが、この飛行によって、飛行機による大陸間旅行が可能だということが証明されたわけです。

だからこそ、これだけ歴史的にも高く評価されているのでしょう。

チャールズは、「ラッキー・リンディ」などともてはやされ、世界的な有名人になりました。世界各国に親善飛行をおこなうことが、しばらくの間、彼の仕事になります。

一九二九年に中南米親善飛行をおこなったときに知り合った、メキシコ大使の娘アン・モローと結婚し、その後、アンを副操縦士として世界各国をまわり、日本にも夫婦でやってきました。

私も、ニュース映像で見た、リンドバーグ夫妻が、博多人形を手にしているところがおぼろげに記憶に残っています。

息子が誘拐され殺されてしまうという不幸も起こりましたが、チャールズは、現在に至るまで世界で高く評価されていると思います。

しかし一方では、今は時代が変わったな、と思うことがときどきあります。

大西洋横断飛行のような、賞金がかかった飛行の競争は今でもあるのですが、それが今では宇宙旅行へと舞台を変えようとしていることです。

宇宙飛行のコンペティション（競技会）に七カ国、二六のグループが参加して、二週間以内に三人が乗って高度一〇〇キロの上空まで二回以上飛行すること、という条件でおこなわれたことがありました。

賞金は十一億円とのことですが、恐らく、開発経費のほうが高くつくことでしょう。この宇宙飛行にも近い将来の「観光旅行化」の思惑があるわけです。

私は、フランスが開発した美しい巨大な怪鳥「コンコルド」に乗って、成層圏を飛行したので、もういいかなと思いますが、実際には何千万円もの料金を支払っても、宇宙を旅行してみたいという希望者はたくさんいるのですから好奇心の力というのは、やっぱりすごいものがありますね。

旅行も時代とともに変わるものだな、と思います。

61 旅行はなによりの老化防止になる

「旅行はなによりの老化防止になる」ということを、身を持って実証してくれたのが私の母・輝子です。

母は、早くも大正時代にヨーロッパや中国に旅行していました。これも、当時としては一般的ではない、ハイカラなことでした。

けれども、母の行動力は、そんなものではなかったのです。

あるとき、対談で「茂吉がいたんじゃねえ」と漏《も》らしていたことがあります。夫・茂吉がいるので、自由気ままに海外に行くというわけにはいかない、ということだったようなのです。

その言葉を証明するように、一九五三（昭和二八）年に夫・茂吉が亡くなると、まさしく糸が切れた凧《たこ》のように、海外に行きはじめました。

といっても、当時、海外旅行はまだ自由化されていません。何枚もの書類を書いて、「渡航審議会」というおそろしいばかりのお役所の許可を受けなければならなかったのですが、母は自分一人でその届け出をやってのけて、一九六〇年にヨーロッパに出かけてしまいました。

いったいどういう理由をつけて「渡航審議会」にパスしたのか、いまだに謎なのですが、とにかく行ってしまいました。

一九六四年に海外旅行が自由化されたと思いますが、母は、このときを待っていたかのようにして海外旅行に東奔西走《とうほんせいそう》することになります。

「私はもう死ぬんですから、今のうちに旅行に行かないと」などという殺し文句で私たちを「脅迫」して、どんどん海外に行きました。

その頂点ともいえるのが、母が七十九歳にして南極で元旦を迎えたということと、八十歳でエベレストの四〇〇〇メートル地点にまで到達したということでした。

62 旅に病んで夢は世界をかけめぐる

確か、一九七二年のことだったと記憶していますが、母が旅先で生きるか死ぬかの病気になったことがあります。当時のソ連のイルクーツクで、前々から病気を抱えていた腸閉塞を再発させて、現地で手術を受けたのです。

連絡を受けて私が駆けつけましたが、手術は成功して、母はなんとか一命をとり留めたのです。私は、「心細い旅先でこんな経験をしたのだから、少しは海外旅行熱も冷めるのではないか」と思っていましたが、まったくの見込み違いでした。

前述の芭蕉の句を借りれば、母にとってはほんとうに「旅に病んで夢は世界をかけめぐる」だったのです。

そんな母は退院して帰国するときに、空港に見送りにきた現地の旅行業者に、「またちょいちょい来ますからね」とニコニコして話しているのです。

母の辞書には「懲《こ》りる」という言葉がないということを私はそのときはっきり思い知らされました。

また、これはのちに人から教えられたことなのですが、母は、南米のペルーでも危険な目に遭っていました。

ペルーとボリビアの国境にチチカカ湖という湖があります。そこで、船に乗ろうとしていた母は、なにかのはずみで橋桁《はしげた》がずれたために湖に転落したというのです。

すぐに救助され、ことなきを得たのですが、そのとき母は、とっさにぬれた衣服をすべて脱いで、八十一歳のオールヌードを披露し、てきぱきと船にあった毛布に身をまとったというのです。もし、ぬれた服のままでいたら、きっと風邪から肺炎を起こして命を落としていたかもしれません。恥も外聞もなく、ヌードになってしまおうとも衣服を脱いだことはまことに正しい判断でした。

母の最後の旅行は、この世を去る半年前の九州・湯布院旅行でした。旅行先でも次の旅行はどこにしようか、と考えているような母でした。

テレビ番組の企画で調べたときに一九七九年の段階で、母の総旅行距離は一四三万八八〇〇キロメートルでしたから、恐らく、その後一五〇万キロの大台に乗っていたのではないでしょうか。ギネスブックに申請すれば「女性の旅行距離」の世界記録になったかもしれないな、とも思っています。

第5章

「ほどほど思考」で人生が好転する

63 自分への合格点は八〇パーセントで不安なし

仕事をリタイアしたら、一気に老け込んでしまったという人がかなりいます。やはり、気持ちの「張り」がなくなってしまうからでしょう。

趣味に没頭したり、自分で目標を作ることで、気持ちの「張り」を保つとともに考えておきたいことが、「自分への要求レベルを下げる」ということです。

なにをやっても満足がいかない、試しに趣味をはじめてみたけれど達成感がない、こんな自分が情けない、などなど、どうしても思うようにはいかないのは、目標があまりにも高過ぎるからかもしれません。

ご本人としては、四十代、五十代のバリバリやっていたころの自分のイメージが残っているので、どうしても今の自分の成果には満足がいかなくても当然なのです。年齢に応じた達成目標にしなければなりません。

これは、私としては現役のみなさんにもおすすめしていることですが、私の人生の基本で、よく他著でも触れたのですが、仕事にしても遊びにしても、家庭でのことにしても、つねに一〇〇パーセントを求めるのは、いつか無理がくるので見直しをしてはどうかということです。

一〇〇パーセントを目指すことは、より上を目標にするという意味では、悪いことではありませんが、いつもいつもそういう結果を出すのは無理というものです。

しかも、一〇〇点満点というのは、それ以上がありませんから、一度とったらそれを維持するだけになります。一〇〇パーセントを維持することは、一〇〇点を最初にとるよりむずかしいかもしれません。

そこで、私は八〇パーセントでＯＫと考えるのです。「八〇パーセント主義」は、いろんなところで紹介している私の基本姿勢です。いい意味での「ほどほど主義」ともいっていいと思います。そうすることで、八五点でも、目標を上回ったことになるし、さらに九〇点以上を目指すという目標が残ります。

もし、このとき七五点だったとしても、わずかに目標に届かなかった、惜しい！　ということになり、いい励みになります。

どちらにしてもこうすれば楽しみが残るのですから、八〇パーセントくらいがちょうどいいのです。

64 「働き過ぎ」より「おまかせ」で

完全主義的なところがある人の中には、中途半端が嫌いなので、人のぶんまで働いてしまう人もたまにいますが、となりの机はとなりの家だと思って、他人のテリトリー（なわばり）には入り込まないほうが賢明です。

こういう人も「仕事至上主義」的なところがあるのかもしれません。仕事は、生活の一部であって「全部」ではないのですから、与えられた時間でできるところまでこなせば、それでいいはず。あとは、自分の時間としてレジャーなり趣味なりに使うほうが健康的です。日本人は、とくに「ワーカホリック（仕事中毒）」の傾向があるようですから、少しおさえ気味くらいでちょうどいいのです。欧米の人たちのように、「夏は一カ月間バカンス」とまではいかないとは思いますが、それが理想だな、くらいに考えて、お互い「自分のペース」でいきたいところです。

やり残した仕事は「人におまかせ」でいいはず。人手が足りなければそれは経営者が人を増やすなどして対応すべきことです。働き過ぎて、体を壊しては元も子もありません。自分の健康を賭けてまで、仕事に入れあげる必要はないでしょう。

65 他の人は、うまくやっているように見えるもの

よりよい収入や生活をイメージして、会社組織であればより早く昇進しようとか、より多くの給料をもらおうとか、自営業であれば他の人よりうまくやって儲けようといった「向上心」があるのは当然です。

ところが、向上しようとするあまり、自分がうまくいかない場合には、周囲の人のほうがうまくやっているとか、人のほうがやたらに運がよく見えてくる、といった状況になりがちなのです。

この原因は、たいていの人が「うまくいっているときに人に見せたがる」「運がいいときに自慢する」からで、「私、なにをやってもダメなのよ……」とか「またミスをして、課長に怒鳴られたよ」といったことを、周囲のみんなに触れ回る人はあまりいないわけです。

必然的に、自分の耳に入る人の話というのは、「うまくいった話、運のいい話ばかり」になるので、「ダメなのは自分だけだ」と思い込んでしまうわけです。この思い込みが強過ぎると、人より早く昇進しよう、人より儲けようとするあまり、家族や周囲との関係を

おろそかにしたり、かえって、信用を失ったりすることになりかねません。

なにも、人と競争するばかりが人生ではないはず。「自分は自分」で、仕事でも人付き合いでも納得できるだけの「ほどほど」の発想をすれば、過熱していき過ぎることもないと思います。

よくよく観察すると、うまくいっているように見える人は、その裏でとてつもなく大切なものを失っていたりするもの。そんな人と同じようになにかを失うことはありません。上を見ればきりがないし、ちょっと立ち止まって足下を見るとよいでしょう。自分はいったいどこに立っていて、どこに向かおうとしているのか。

自分には無理なことをしようとしていないか、家族や友人などを犠牲にしていないか、と自分を第三者的に眺めてみるのです。すると、無理をしている自分、ごり押しをしているためになにかを失いかけている自分が見えてくるでしょう。

66 「一張一弛」でほどよく生きる

中国の『五経《ごきょう》』のひとつで古代中国の礼式について書かれた『礼記《らいき》』という書がありま

す。その中に私の好きな「一張一弛《いっちょういっし》」という言葉があるのです。これは読んで字のごとく「一たび張＝緊張するときがあれば、一たび弛＝弛緩《しかん》させるときもあるべき」ということです。

毎日の生活の中では、仕事などで緊張する時間帯があります。そのまま緊張しつづけるわけにはいきませんから、リラックスする時間が必要です。緊張する時間が長過ぎてもいけないし、あまりに緩め過ぎ、リラックスしたままでもいけない、「一張一弛」のバランスで、うまく緊張とリラックスをコントロールすることが大切なのです。

仕事をつづけている中でも「一張一弛」のコントロールが必要だし、仕事を終えたら終えたで、仕事中とはまた違った自分のリラックス・タイムの「一張一弛」をコントロールするのです。

私も、精神科の現場に携わっていたときには、毎日ずいぶんと緊張することもありました。殺気だった患者さんなども時折いましたから、一日の診療を無事に終えるとほんとうにホッとしたものです。なにしろ人生は仕事だけではないし、その緊張のままでは自分のこころまで疲れきってしまいますから、リラックスする「オフ・タイム」の自分の隠れ家も用意しておかねばなりません。

戦国時代の剣の達人のように、刺客に備えて寝ているときも気を張りつめているというのは、現代の私たちにはとうてい無理な話。「どうせ私には無理だから、リラックス、リラックス……」という割り切りが肝心です。

67 雑念・雑音にとらわれない考え方を大切に

今の社会は、なんでもかんでもランクづけしてしまいます。学校の成績はもとより、ラーメン屋や寿司屋の味までランクづけするのは、ちょっといき過ぎだと思います。食べておいしいと思えばいいのであって、東京でいちばんとか横浜でいちばんとか、ランクづけできるものだとは思えないのです。

また、好きなタレントの人気投票ならまだわかりますが、「嫌いなタレント」をランクづけするのはどうかと思います。嫌いなのは勝手に嫌いであればいいので、わざわざ集計して公表することもありません。人気商売の人を「嫌いなタレント」にランクづけするのは、営業妨害ではないかと思えます。

なんでも順位をつける学歴社会だからこうなったのか、こういう社会だから学歴社会がいっこうに変わらないのかわかりませんが、「一般的に」とか「民意が」とかいう判定は、ほどほどにして欲しいものです。なぜなら、こういうなんでも一般的な基準で推し量ろうとする発想が、たとえば、「あの人は〜な性格だ」とか、「あの人は、××大学卒だから仕事もあまりできない」といった、「レッテル貼り」につながる傾向があるからです。

聞いた話では、ラーメン屋の例をとると、「おいしい行列店」とテレビや雑誌で紹介されると、押し寄せるお客さんに対応しきれず、ほとんどの店の味が落ちるといいます。そのため、「取材拒否の店」というのが多くあるそうです。取材されて名前が知られると、一時的に客が入って常連さんが追い出されてしまう。そういう一時的なお客さんはそのうちこなくなるからかえってマイナスになるのです。

なんでも比較するのは、あまりよいことだと思えないのです。やはり「自分は自分」として、マイペースを基本とする、雑念・雑音にはとらわれないという考えが健康的です。

68 大き過ぎる「欲」が負の遺産となる

このところ、しみじみと考え込んだことがあります。日本という国が、「いい国」になりつつあるのかどうか、ということです。

戦後の焼け野原から、東京も大阪も、都会は目覚ましい復興を遂げ、二度の石油ショックやバブル経済崩壊などの波乱も乗り越えました。発展しつづけているようにも思えるのですが、果たして、私たちは今日のような日本を作ろうとイメージしていたのだろうか、ということです。

世界には、まだ、多くの飢餓に苦しむ国や、戦争・内乱に明け暮れる国、民衆が抑圧されている国などがあります。そんな国や地域に比べたら、少なくとも表面上は豊かな日本という国に住んでいる私たちは幸せなのでしょう。

けれども、現在発展途上国で苦労している子どもたちや若者たちが、貧しさにめげずに屈託《くったく》なく笑い、明るく過ごしていること、将来に夢を抱いて頑張っていることと比べ、日本の子どもや若者たちが、果たして「幸せ」といえるのだろうか、と思えるのです。

私は、元来、人生八〇パーセントで十分と、「小欲知足《しょうよくちそく》」の考えで生きてきたつもりです。ところが、どうも、多くの日本人のおとなたちが、「大き過ぎる欲」を持ってしまったために、かなり若い世代に負の遺産が残されてしまったのではないだろうか、と心配しているのです。

少子化が進み、ついに、二〇〇五年には死亡人数より生まれる子どものほうが少なくなり、予想より二年も早く、「人口減少時代」に入ってしまいました。同時に高齢社会の度合いも着々と進むわけです。人口が減りつづけるということは、国力が衰えるということ。今の日本は、そういう歯車の仕組みの中で動いているのです。これはどうしたことだろうな、と思います。

都会への人口の集中も問題です。こういったさまざまな矛盾も、「高過ぎる欲望」のなせるワザではないかと私には思えるのです。よりよい生活、よりよい学校、よりよい会社、よりよい食べ物、よりよい着る物、よりよい住まい……それぞれを求めるのは日本では当たり前のことでしょうが、この「欲求の水準」がどうも高過ぎるように思えてなりません。

69 与えられた環境で、どれだけの力を発揮できるか

あまり耳慣れない言葉ですが、「フラストレーション・トレランス」という用語があります。「フラストレーション」は欲求不満で、よく知られていると思いますが、「トレランス」とは「耐えること」、つまり、「欲求不満に耐えられるかどうか」というのが「フラストレーション・トレランス」の意味で、「欲求不満耐性」とも訳されています。

私は「少欲知足」をおすすめしているので、「欲求」があまりに高い現代人の「欲求不満」

というのは、「欲張り過ぎ」と思えます。とくに気にかかるのは、子どもたちの世代の「フラストレーション・トレランス」が非常に低くなっていること、つまり、「欲望」が満たされないと、すぐに「怒る」という傾向があるのではないかということです。とにかく、現代の子どもたち、二十歳未満の子たちは、物質面であまりにも恵まれ過ぎています。

少子化が進んで、夫婦が約一・三人しか子どもをつくらない。つまり、子どもが一人の家庭が多くなっていることも、「フラストレーション・トレランス」の低下に拍車をかけています。

どうしてかといいますと、夫と妻には健在であればそれぞれ両親がいるわけで、一人っ子の場合、自分に欲しい物を与えてくれる人物が、自分の両親以外に、おばあちゃん・おじいちゃん二組と合計六人も存在するのです。

そういう環境で育った子どもは、両親が買ってくれない物は祖母・祖父にねだれば買ってもらえる、ということに慣れて、「欲しい物はなんでも手に入る」という体験をして「おとな」になるというわけです。

こうして、「欲求不満」への耐性が低下すると、非常に困ったことになります。

先に書いたような、「ちょっと注意されると怒る」とか、「小さな失敗ですぐに自信を喪失する」といった、問題のあるおとなになるからです。結局、自分の「欲」についての客観的な認識ができないために、「思い通りにならなければ怒る」となるわけです。

ここは、こころを鬼にして、とくに祖母・祖父の世代の方は、孫を甘やかすのはやめたほうがいいでしょう。「もったいない」という発想とか「戦争の悲惨さ」「物がない時代」とかをまったく知らない世代を、「欲求」のままに放置すると、どこまでエスカレートするかそら恐ろしいものがあります。自分が与えられた環境に満足し、その中で創造する力を発揮する「少欲知足」の子どもにするように、親の世代ともよく話し合って欲しいと思います。

70 怒りや哀しみがあるから、喜びの意味がわかる

ストレスは、一般的に「悪者」のようにいわれることが多いのですが、私の持論は、「ストレスはある程度必要だ」という考え方です。

よく「ストレスを解消する」といういい方がされますが、これは、誤解を招く表現です。というのも、もしストレスが「解消」されて「ゼロ」になったら、人は生きていけないと思われるからです。

ストレス学説の創始者であるハンス・セリエ博士は、「適度なストレスがなければ、人間は滅びてしまう。人からストレスを全部とり去ったら、その人はダメになる」とまでいっています。もちろん、過度なストレスは精神的、肉体的に負担になり、病気などの原因になりますが、日常的な適度なストレスは、それがないとかえって人間としての感情・感覚が機能しなくなるのです。

「喜怒哀楽」という言葉があります。これが、適度なストレスのあり方を示しています。人はだれも「怒り」たくないし、「哀しみ」たくもありません。けれども、「怒り」や「哀しみ」があるからこそ、その対極としての「喜び」や「楽しみ」の意味がわかるということもあるのです。つまり、ストレスもそれがあることによって、人間が自分の存在を感じていられるという部分があるのだと思います。

71 "STRESS"で、ストレス対策

いつも私が皆さんにおすすめしているストレス対処法があります。一部の本ではすでに紹介した、英語の「ＳＴＲＥＳＳ」から一文字ずつとって、具体的な対策を考える方法

です。

「Ｓ」Ｓｐｏｒｔｓ＝スポーツは苦手、という人でも気軽にとり組めるジョギングのような簡単な運動でよいのです。一説には「ふとん」を押入から出し入れする行動もかなりの運動になるそうですから、ほんのちょっとした「運動」を意識的におこなうだけでスポーツの代わりになります。ただ歩くだけのウォーキングでも効果があります。

「Ｔ」Ｔｒａｖｅｌ＝旅行。私にとってはこれがいちばんです。日常生活から解放されて、悩みなど「完全に」忘れられます。なにも海外旅行でなくても、近場の一泊旅行でいいのです。もっと身近な旅行としては、今まで降りたことのない通勤途中の駅で降りて、知らない街をあてもなく散歩するということでも、十分に旅行気分に浸れます。おいしそうなそば屋にでもブラリと入れば、グルメツアー気分です。

「Ｒ」Ｒｅｃｒｅａｔｉｏｎ＝簡単にいえば「遊び」であり「気分転換」です。つまり、本人が楽しめることであればどんなことでもＯＫ。テレビ鑑賞でも、映画・ビデオ鑑賞、読書、ゲーム、パズル、ごろ寝、おしゃべり、人によっては家計簿をつけること、それこそタバコの吸い殻のカウントでも、その人がリラックスできることなら、すべてがレクリエーションになります。

「E」Eat＝食べることです。なにもぜいたくなものでなく、一家そろって楽しく食べるとか、前から食べたかった珍しいものを、通信販売でとり寄せて食べるとか、これもご本人が納得しさえすれば、どんな食材、食べ物、食べ方でもいいのです。

海に沈む夕日を見ながら缶ビールで乾杯するなど、「食べる環境」をふだんと変えるだけでも手軽に気分転換ができるもの。庭やベランダで食べるというのも開放感があっていいものです。

「S」Sleep＝眠ることです。といっても長時間の昼寝をしたりすると夜中に目がさえて寝られなくなりますから、できれば夜によい睡眠をとることを心がけます。イライラしているときは、昼間、思いきって寝てしまう手もありますが、この場合、目覚まし時計をかけて、寝過ぎないよう注意します。二、三〇分程度の短時間でもグッスリ眠れば、頭がすっきりします。

「Ｓ」Ｓｍｉｌｅ＝笑うこと。まず第一に大きく深呼吸すること。新鮮な空気を肺の中にとり入れ、血流をクリーンにすると同時に気持ちも入れ替えます。そのあとはマンガを読んだり、「お笑い番組」を見て笑ってもいいし、気のおけない友人と昔話でもして笑い合えればそれでＯＫ。とにかくこころの底から楽しんで、「アッハッハ！」と大きな声で笑うことが効果的です。

72 やわらか頭で「ずぼら」に楽しむ

この「ＳＴＲＥＳＳ」対策法で、気をつけたいのは「やり過ぎ」です。

というのも、ウォーキングやジョギングなどで、自分で決まりを作ってしまい、自分に対する「ノルマ」のようにしてやり過ぎてしまう人がけっこういるのです。

もともと、精神科に相談にくる患者さんは、自分の行動や習慣などをコントロールすることが不得意だったり、逆に過度にコントロールしてしまったりする人が多いのです。

ウォーキングに例をとりますと、「毎日必ず一万歩歩く！」などと、「ノルマ」を課して、それをなんとしても達成しようとする傾向があるのです。人によっては、一万歩はちょっと過度という人がいます。

たとえば、足腰、ヒザなどが多少弱くなっている人の場合、関節を痛めてしまったりするのです。それでも頑張って、「ノルマ」を達成しようとして、毎日「一万歩」歩きつづけ、ついに痛みで歩けなくなった人もいます。

読書でも、「一日一冊」などと過度な目標を設定して、それが達成できずにかえってストレスを増してしまったりする人もいます。

こういう「ノルマ」や「高過ぎる目標設定」は、まったくストレス対策になりませんので、医師などに相談して、自分にどのくらいの運動なりの目標設定をすればいいか、相談したほうがいいでしょう。ウォーキングでも、散歩でも、読書でも、一日、二日抜いてもいいし、雨の日はやめてもかまわないのです。

「STRESS」対策は、ずぼら、規則なしでいきましょう。

73 いざよく「休む」ときも大切

ひどい風邪の症状があるのに、無理に会社に出てくる人というのは、どこの職場にもいるようです。ご本人は、「責任感が強い」ところを示そうという気持ちがあるかもしれませんが、「ゴホッゴホッ!」と咳をしながらそばで頑張られても、同僚たちには、恐らく迷惑だと思います。

まず、他のみんなに、たちの悪い風邪をうつされたら仕事全体に支障が出る心配があります。ウイルスがまき散らされているようで、その人のデスクの周囲の雰囲気も悪くなってしまいます。

どうせ風邪で熱にうかされたような状態で、仕事の効率が上がるわけはないのですから、わざわざ出社しても大した結果も成果も得られません。かえって取引先の人にそんなようすを見られたら「あそこは、熱が三八度もある社員を無理矢理仕事させている」という印象を与え、会社のイメージ上もよくないのです。

どうしても休めない仕事がある時期に、風邪をひいたのは健康管理の甘さが問題でしょう。それは、プロ野球選手がシーズン終盤に不注意からケガをするようなものです。つまり、プロ失格ということです。

なにより、自分の健康状態がよくないのに無理に仕事をするというのは言語道断です。「体調不良=無理をしない」と割りきるべきなのです。

74 こころも体も自然に無理なく整える

そういう私も過労で倒れたことがあります。四十二歳のときでした。そのころ私は、新宿にあった大京町の病院と、今の府中の病院をかけもちしていました。おまけに、早稲田大学、跡見女子短期大学、昭和女子大学、昭和大学医学部と四つの大学の講義も受け持っていました。それでさすがに限界がきてしまったのです。

友人の医師に、「酒かタバコ、どちらかやめたらどうだ」といわれ、一晩考えたあげく、タバコをやめました。理由は、「酒飲み友だち」はいっぱいいたのに対し、「愛煙家の友だち」というのはいない、ということに気づいたからです。

おまけに、酒は適量飲めば「百薬の長」だというのが私の持論ですが、タバコは、確かに「百害あって一利なし」です。まわりにも迷惑になるし、火事の原因にもなります。酒は、戦後すぐのころ、質の悪い酒をたくさん飲んで、電車の車庫で目覚めたなどという失敗談はありますが、さしあたって、大した迷惑にはならないのです。このときの禁煙以来、タバコというものは一本も口にしていません。

問題なのは、それ以来、家内が「アンソニー・パーキンス（スリムな体型のアメリカの人気俳優）そっくり」と絶賛していた私の体形が、あれよあれよという間に「見事な恰幅《かっぷく》」になっていったことです。甘いものが好きになって、お汁粉屋の前を素通りできないというたちになってしまい、ついに体重が八三キロにまで増加しました。

肥満は、生活習慣病の最大原因になりますから、それからというもの、私はつねに肥満と闘いつづけているのです。闘いとはいっても気負うことはありません。先に書いたように、「自分は自分」で無理せず、気長に調子を整えるのです。

体の健康も毎日の生活の中でなにげなくやっている習慣から、不調になったり、調子が上がったりします。こころも同様で、自然に無理なくつづける、そうやって、いつの間にか身についた習慣が、こころも体も支えてくれるようになるものです。

75 「もったいない」に立ち返ろう

私がいろんなところでよくいう、人生八〇パーセント、または六〇パーセントの目標が実現できれば十分という根本には、やはり、戦争体験があります。自分が生まれ育った家も、父の病院も完全に焼け出されて、あの、物不足の混乱の中で生活したことが、「最低限の生活体験」として記憶にはっきりと残っているのです。今、生きている六十代後半から七十歳以上の人たちは、みんな経験し、記憶もしているはず。その貴重な経験も次の世代にしっかり受け継いでいかなければなりません。

最近、日本語の「もったいない」を資源保護、地球環境保護のための世界共通の標語として「MOTTAINAI」という「言葉」として掲げようという環境保護運動が進められています。

これは、アフリカのケニアで植林活動をつづけてノーベル平和賞を受賞した女性、ワンガリ・マータイさんが、講演などのために日本にやってきて「もったいない」という言葉を知り、「世界にこの素晴らしい発想を広めましょう」と提唱したことからはじまったものです。

「もったいない」という言葉、そういえば、このごろの日本ではとんと聞かなくなっていた言葉のひとつ。もともと仏教用語だという説もありますが、「物を無駄にしてはばちが当たる」といった意味合いの他に「畏《おそ》れ多い」という意味もあるのです。お寺などで、昔は善男善女が「勿体ない、勿体ない」と両手をすり合わせていたものでした。今でもそういう拝《おが》み方をする人はいらっしゃると思います。

物を無駄にしてはいけない、というだけでなく、食べ物も資源も、地球の大自然から賜《たまわ》った、授《さず》かり物であると認識することがポイントです。

今どきは「ご飯を残したら、もったいない」などというと、「みみっちいことをいいなさんな」といわれそうですが、とんでもありません。ご飯の一粒だって、地球からの授かり物なのです。食べきれないのであれば、ご飯は最初から少な目に盛ればいいだけの話です。

日本には「湯水のように使う」という言葉もありますが、アフリカなどの地域によっては、飲むための水を手に入れることさえ大変なところもあります。子どもたちは学校にも行けず、水汲《く》みのために毎日何十キロも歩いているというドキュメンタリービデオを見たことがあります。日本で生活する我々は、もう少し世界のことを知って、自分の「欲」について見直す必要があるでしょう。

76 小休止してまわりを見るだけで、気分が晴れる

子どものころ、外で友だちと遊んでいると、あっという間に時間がたってしまったことを覚えているでしょうか。夏休みなど、なかなか暗くならないので、夕方七時過ぎまで遊

んでいて、親に大目玉をくらった覚えがある人も多いと思います。楽しい時間は早く過ぎ去って、つらい時間はなかなか終わらない、というのは、おとなにとっても同じようです。

同じ仕事でも、好きな仕事だと自然にリズムに乗ってこなせるので、どんどん効率が上がります。ところが、やりたくない仕事だと、「嫌々」しているので効率も上がらず、時間もやけに長く感じてしまうものです。

「嫌だ嫌だ」「つらい」と思いながらそれを継続するのはだんだん苦痛になって、拷問のようにも感じます。そこで、「嫌だ」「つらい」と感じたときには、ちょっとひと工夫したほうがいいでしょう。そのままつづけていても効率が悪いばかりでなく、仕上がった仕事も納得のいくものではないでしょうし、おまけに自分の精神衛生上よくありません。

「嫌だ」「つらい」という気持ちは、明らかに体の中にも悪い影響を及ぼしているもの。ひどい場合には、胃潰瘍なども引き起こしかねません。できることなら、まず休憩をとって気分転換を試みましょう。少し体操でもして、血行をよくすると気持ちもだいぶ落ち着いてくるはず。

次に、他の人はどうしているのか観察します。同じ仕事をしている他の人も、自分と同じように「嫌だ」「つらい」と感じているかどうかが問題です。その仕事をしているすべての人が、同じように「つらい」と感じているのであれば、仕事の環境がよくないのかもしれません。雑音や機械音、またはBGMの音楽、はたまた、換気が悪いのかもしれません。窓を大きく開けて空気を入れ替えるだけでも、少しは気分が晴れるかもしれません。

仲間とそういう環境について話したりすることも大切です。会話をすることで、気持ちがすっきりすることもあります。

77 「がまん」「頑張り」なしで仕事がはかどる方法

世の中には、自分がやっている仕事より、もっと大変な仕事が必ずあります。ミュージカル映画の最高傑作ともいわれる『サウンド・オブ・ミュージック』で見事な演技を披露したジュリー・アンドリュースさんの、もうひとつの名作映画『メリー・ポピンズ』では、「煙突そうじ屋さん」がじつに楽しそうに仕事をしています。

きっと、原作者には、あの仕事は非常に危険で、労働としてもきつく、しかも全身がススで汚れる仕事であるにもかかわらず、主人公は楽しそうに仕事をしている、ということを強調する教育的な意図があったのだと思います。

よく考えると、作業服や顔がススで汚れるばかりではなく、「煤塵《ばいじん》」も吸い込んでしまいます。とにかく大変な労働です。それでも、楽しそうに仕事ができているのは、登場人物自身に「夢」があるからでしょう。

『メリー・ポピンズ』では、仕事ばかりに熱中している人々を批判的に描いているところを見ると、「つらくても、楽しい仕事があるのだよ」と子どもたちに教えようとしているとも受けとれます。なぜ、つらいはずの仕事が楽しくなるのか。それは、そこに自分が興味を抱くなにかが含まれているからです。

私は、ふだんの仕事が「嫌だ」「つらい」と感じたら、その仕事にゲームの発想をとり入れることをおすすめしています。

たとえば、「この段階までできたら一〇ポイント」などとポイントを自分でつけて、「午前中には何ポイントいった」、「今日は昨日より二〇ポイント効率がいい」などと比較するのです。こうすることで、「つらい」と思っていた仕事に、少しでも張りが出ると思います。

また、自分の好きな食べ物などを、「成功報酬」として用意するのも効果的。「これができたらお煎餅を一枚食べられる」などと決めて、そのために集中するのです。

だれにも若かりしころ、デートの約束がある金曜日などには、意外に仕事がはかどって早く終わらせることができた、などという経験があるのではないでしょうか。仕事のあとに自分にとって最高の楽しみが用意されていると、人はいつも以上に能力を発揮できるものです。これで、「頑張らなくてもうまくいく」というわけです。

78 「数病息災」で楽しく生きる

世間では、よく「無病息災」がいちばんよいといいます。私はこの考え方にはちょっと疑問があります。お寺や神社などで「無病息災」を祈願する人もたくさんいますが、じつのところ「無病」であることがそんなにいいことだとは思わないのです。

後半の「息災」のほうはかまわないのです。「災い」はないに越したことがありませんから。前半部分の「無病」について、はなはだ疑問があるのです。というのも、「無病」で仕事に遊びにと頑張っている人は、自分の健康維持に無頓着になる傾向があります。すると、仕事をバリバリとこなして体を酷使し、あげくの果ては「ポックリ」逝《い》ってしまう例がたくさんあるのです。

前にも書いたように、私自身、四十歳過ぎまで「無病息災」に近い健康状態でした。そのお陰で人のこころの病を治す精神科医という仕事をしながら、自分自身の健康はおろそかだったのです。けれどもある日、ついに過労で倒れ、「無病息災」の神話のもろさを自ら思い知らされたというわけです。

ロシアの文豪・トルストイは「病気を経験したことのない人は友だちに持つな」という言葉を残しています。大病を一度もしたことがない人は、病気の人をはじめ、弱い立場にいる人のことを思いやることができないから、というのがこの言葉の真意だと思います。この言葉も病気になってはじめて実感できました。「無病」はかえって恐いので、「一病息災」とか「数病息災」で病気とお付き合いし、自分の体と十分にコミュニケーションをとるほうがよいのです。

79 ボケてきたことは笑い話にする

たいていの人は、四十歳を過ぎたあたりから、自分の記憶力が衰えてきたことを実感することがあると思います。

なかなか最初は認めたくないものですが、人の名前や地名など、そこだけポッカリと忘れてしまうことが起こるようになります。

私など、忘れるのはお得意になっています。あるときは、いつも外出先からかけているのに自宅の電話番号を忘れてしまって、だれに聞いたらわかるだろうか、と困り果てたことがあります。

こういうことは、年齢のせいでなくても起こるようで、私の知人には、九五年の阪神・淡路大震災の現地に取材で行って、数日後に帰ってきたら東京の仕事先の電話番号がどうしても出てこなかった、という人がいます。

頑丈なはずのビルや住宅が軒並み倒壊するという光景を見て、強いショックを受けたためのようで、こういう過酷な体験があると、記憶の一部がすっかり飛んでしまうということがしばしば起こるようです。

私は、身のまわりのものがどこかに消えるということもよく起こります。

よくあるのが、私のメガネがいつも置いてある場所になくて、「メガネはどこにやった?」と大騒ぎをしていたら、家内が私を見て、「あなた、メガネならかけてるじゃありませんか」と指摘されるといったことです。

まるで漫才のような話ですが、今にも出かけようとして急いでいたりすると、気がはやるからか、ときどきやってしまうのです。

80 自然体で、余裕しゃくしゃくと生きる

それから、大事な手帳を、洗濯屋に出す上着の内ポケットに入れたままにしてしまったことに気づいて青くなることもよくあります。家内に、「上着、もう洗濯屋に出したか?」と聞くと、「はい。でもあなたの手帳ならちゃんとそこに出しておきましたよ」といわれてしまいます。

ついこの間あった人の名前を思い出そうとして、どうしても出てこないということもしょっちゅうで、「うーん……」としばらく悩んでしまいます。

こんなときに、いちいち落ち込んでいたら身がもちません。私は、こういう失敗話を笑い話にしてしまいます。

そして、今では、自分の中では、要求水準をグッと下げて、六〇パーセントくらいにして、こんなもので合格点、と思い直すのです。

よくよく考えれば、メガネはあったのだからなくしてしまったよりましですし、手帳も、家内がきちんととり出してくれているわけですから、家内に大事な仕事を与えていると思えばいいのです。

それから、自分もここまできたか、と思って、「次はどんなことをやらかすのかな」と自分が次にどんなことをするのか好奇心たっぷりに自らを観察するのです。かつての英国の宰相《さいしょう》・チャーチルが、

「完全を望むと、麻痺がきてしまう」

という名言を残しています。無理をしないほうが自然に行動できるということでしょう。これは、まさに私たちのためにある言葉だと思います。

私自身はこれからは、五〇パーセント、四〇パーセントくらいで満足、というふうに余裕を持って生きればいいと思っています。

スローに生きたほうが、スローに歩くのと同じように、今まで見えなかった人生のいろいろなものが見えてくるはずですから。

第6章

「自分」を笑って、楽しんで生きてみる

81 自分をほめれば、人生も楽しくなる

「自分で自分をほめたいと思います」という名セリフをいったのは、アトランタ・オリンピックで銅メダルを獲得した女子マラソンの有森裕子さんでした。

マラソンという過酷なスポーツでは、「こころのトレーニング」においてもそうとう鍛え抜くのでしょうから、マラソンランナーの「自分をほめる」という言葉は並の重みではないのです。

なにしろ、東京オリンピック・銅メダルの故・円谷幸吉氏は、生前、「もう走れない」とトレーニングを中止してしまったことがあったくらいで、一人でひたすら走るという行為は、かなりの精神力を必要とします。走っているときには、「あの電柱まで走ったらもうやめよう」と考えつづけるということで、最後まで走るということそのものが大変なのでしょう。

私は、自分をほめる、自分に感謝するということも、「いい人生」にするための大きなポイントではないかと思っています。もちろん、周囲に対する感謝の上に立ってですが、自分を認め、自分のしたことを素直にほめるということが自分を伸ばすことにつながると

思うのです。

「サーカスの象」は、自分のほんとうの力を知らずにいるわけですが、自分をほめることで、自分の力をつねに客観的に見つめることになり、潜在的な能力を引き出すことができると感じるのです。少なくとも、いつまでも鎖を足につけていることはありません。

「自分のほめ方」としては、第5章で触れた「つらい仕事を楽しくする魔法」と同じように、仕事に自分でポイントをつけて、「今日は二〇ポイント。よくやったぞ」とほめるのが手軽な方法です。好きな食べ物でも用意しておいて、「ご褒美」にするのもいいでしょう。

どうしても自分をほめる気になれないという人もいますが、そういう人は「周囲の評価」を気にし過ぎていることが多いようです。八〇パーセント、または、七〇パーセント主義くらいで、そこそこできればOKというくらいのおおらかな評価を与えたほうがラクです。

ただし、あまりにマイペースになり過ぎてもいけないので、「ペースメーカー（伴走者）」をだれか探しておいたほうがいいでしょう。わが家では、もちろん、家内が私の「ペースメーカー」です。文句もたくさんいってくれますが、私がのんびりし過ぎているときには、きっちりチェックしてくれます。

82 自分をおだてる心理作戦を持ちましょう

家内とは、旅行にいっしょに出かける以外は、趣味も嗜好もずいぶん違うと思います。ただ、趣味については理解していて、私が好きな飛行機はどれか、くらいのことは知っています。

とにかく、私が飛行機のことについては負けず嫌いであることを知っているので、とくに関心がないように振る舞っているのかもしれません。それでも、いろいろと知っている証拠に、たとえば私が飛行機の雑誌に夢中になって夜更かしをしていると、「あなた。もうワン・ノー・フォーよ。そろそろでしょう」などといいます。

「ワン・ノー・フォー」というのは、だいぶ以前に私が搭乗させてもらったことがある航空自衛隊の戦闘機F一〇四のことです。自衛隊のパイロットたちは「一〇四」を「ワン・ノー・フォー」と呼んでいたのです。

家内が私にいったことの意味は、「もう、夜中の一時四分なのですから、いい加減に寝てください」という意味です。朝、起きなければならないのに私がいっこうにふとんから出てこないと、七時過ぎなら、「あなた、セブン・オー・セブンよ」などといいます。

これは、ボーイング社の旅客機、「七〇七」に引っかけてこういっているのです。ずいぶんと私の趣味に合わせてくれて、こういういい方をされると私が「ホイホイ」と動くことを熟知しているのです。なにしろ私は飛行機のことを考えていれば幸せなので、ついつい、こういういい方には乗せられてしまいます。

へたに「ほめられる」よりきっと気分よく動いていると思います。自分で「一〇四」とか「七〇七」と唱えながら行動することもできます。これも、ひとつの「自分でおだてる」心理作戦といえるでしょう。

83 一人で抱え込まない生き方に変える

あなたのまわりにも、なんでも自分だけでやろうとする人が一人や二人はいるでしょう。仕事の現場などでも、てきぱきとこなして、なんでも自分一人で解決しようとする、そういう人が一人くらいいるものです。

それで、ほんとうに仕事もうまくいき、まわりもハッピーであれば、さほど問題ではないのですが（さほど、というのは、そういう人はいつかは「こころが破たん」する恐れがあるからです）、じつは、なんでもやってしまう人は、すでに無理を重ねていることが多いのです。

私は、そういう無理はしない主義。なんでもやっていたら、体がいくつあっても足りません。今でこそリタイアして、少しは時間的にも余裕ができましたが、精神科医として現役だったつい数年前までは、仕事に、講演会に、趣味に、遊びにと、なにかと忙しく、この上、雑事までなんでも自分でこなそうなどとはとても考えられませんでした。

たとえば、子どもたちや孫たちの記念日です。そういう記念日には、前もってお祝いのはがきなどを出すのが私の習慣です。けれども、お陰様で私は子どもや孫が非常に多いので、自分一人ではとても対応しきれません。そういうことは人に覚えておいてもらうのがいちばん便利です。

姪だの甥だの、孫、ひ孫だのたくさんいるので、誕生日、記念日は家内にチェックしてもらっています。「おめでとう！　健康に気をつけて！」くらいのものですが、カードを書いて郵送するのです。これは、長男である私のひとつの義務だと考えています。だいたい、今の自宅も、私以下、それぞれの家が独立はしていますが、同じ敷地内に十数人で住んでいるくらいですから、そのメンバーだけでも一年を通じて記念日ラッシュなのです。

メモ魔の私ですから、月に何日かはあるそういう記念日も、メモしておけばいいようなものですが、そこは、家内にまかせているわけです。家内の親戚もいるわけですから、正直、把握しきれないかもしれません。まあ、「なんでも一人でやる人」は、自分だけでどこまでできるのか、試してみるのもいいかもしれませんが……。ただ、そんな雑事もだれかといっしょにやったほうが、達成したときの充実感も分かち合えるし、いろいろと楽しいもの、ということは申し添えておきましょう。

84 健康だけは、「自分まかせ」で整える

人にまかせたほうが「ラクですよ」というのは確かですが、たったひとつだけ人にはまかせられないことがあります。それは、自分の健康です。他のことはなんとかまかせられても、健康だけは人まかせではどうにもなりません。

どこそこが痛いとか、どうもお腹の具合がこのところ不調で……などといったことは、自分にしかわかりませんから、どんな名医だとしても、すべてを「まかせる」ことはできないのです。

なぜかというと、健康の基本が、毎日、毎時間、毎分、その都度その都度の自分の健康

への気配りにあるからです。お医者さんは、症状を診て食生活などの注意を与え、薬を処方してはくれますが、それを毎日、毎食実行するのは自分です。糖尿病、高血圧、心臓病など「生活習慣病」といわれる病気は、まさに生活習慣から生まれるのですから。

成人病と呼ばれていたさまざまな症状が、今は「生活習慣病」と呼ばれているのは、たとえば子どもが糖尿病にかかるケースが増えていることなどが理由です。

たとえ子どもでも、生活が不規則で食事のとり方がアンバランスであれば、おとなと同じように病気になるわけです。

ただ、お酒を飲むことなどは、どうしてもやめられないという人が多いのも確か。私も毎日少しずつたしなみますが、このコントロールは家内にまかせています。以前は、「あなた今日は九官鳥よ」などと「休肝日」をそれとなく私に教えたりもしていました。今は、食事のときに決まった量を用意してくれます。日本酒なら八勺《しゃく》。一合の八割の分量ですね。ワインや焼酎であればグラス一杯。焼酎は水で二倍に割って飲みます。

このくらいがほどほどなのです。自分で目を皿のようにして酒をメスシリンダーで測りながら飲んだのでは、ちょっとばかり興ざめでしょうから、家内が用意してくれるものをおいしく飲むのがいちばん。こういうことは、「まかせる」ほうが気楽です。

85 「自分は自分だ」というあきらめを持ってみる

「となりの芝生はきれいに見える」といいます。芝生というものは、だいたいそういうものので、離れたところから見るときれいに見えるものです。

もし、自分の家の庭に芝を生やしていたら、となりから遠目に見れば少しはきれいに見えるわけです。けれども、その場に立つと、枯れているところがあったり、地面が見えているところがあったりして、あまりきれいではないものです。

ようは「人をうらやんでも、人にはそれぞれ苦労があるもの」と読み替えることもできます。そんなことは当たり前なのですが、日々の生活に疲れを感じると、ついつい人の生活がラクで面白そうに見えてしまうものです。

私は、正直いって、人の生活や境遇を「うらやましい」と思ったことがありません。「それは家族にも、仕事にも恵まれているからでしょう」といわれるかもしれませんが、私自身は、空襲で焼け出され、病院再建のための借金もし、嫁姑の間に立ってつらかったこともあり、人並みの苦労はしているつもりです。それでも、人をうらやむ気持ちがないのは、「自分は自分だ、というあきらめ」を自覚しているからではないかと思います。

精神科医として、多くの人のストレスや悩みを聞いてきたわけですが、ほとんどの人が抱えている重荷というのが「過剰な競争心」に端《たん》を発しています。原因が「自分のこころ」にあることに気づかずに、外にばかり目がいっているのです。

86 どうせ一回の人生だから、楽しく過ごそう

ただし、「あきらめ」といっても、「どうせ私は……」と自己嫌悪的に「あきらめる」のはおすすめしません。「どうせ……ダメ」と考えてしまうと、そこで思考がストップしてしまいます。いろいろと考えるのであれば、「……だからこうしよう」と次の行動や思考に結びつけるのです。

雨だから、どうせ景色は見えない。六本木ヒルズに上っても、雲や霧しか見えないだろう。それなら、雨が降ったら、より一層緑が映える植物園に行ってみよう、と考えることができるはずです。または、天候に関係のない、博物館や美術館をめぐるという発想もいいでしょう。神社、仏閣も雨のほうがしっとりと落ち着いて見られるところがたくさんあります。雨=観光には向かない、という図式ではないのです。反対に「どうせ雨だから、

ふつうの観光ルートではない、ちょっと珍しいところに行きましょう」という提案もできるでしょう。六本木ヒルズからの展望は、晴れていればいつでも見ることができます。けれども、小雨にそぼぬれる小石川後楽園の花菖蒲《はなしょうぶ》のたたずまいなどは、なかなか見ることができないはずです。

同じように、「どうせ私はもてないから……ダメだろう」と人生をむやみに悲観するよりも、「どうせ私はもてない。それならみんなを笑わせる役割を務めたらどうだろう」と割りきるほうが一歩前進になるはずです。

「どうせ……」と、きっぱり「あきらめる」ことで次へのステップが見えてくるというわけです。「どうせ人生は一回こっきり。それなら精一杯楽しもう」。この割り切りがいちばんラクになれる発想ではないでしょうか。

87 仕事の比べ合いは、なにも生み出さない

気がつくとついつい、自分と人の置かれた状況を比べてしまっている、そんな人が多いようです。

「となりの芝生」とも通じるところがありますが、職場や職種が違う友人に久しぶりに会ったりして、お互いの仕事や家族の話になると、相手が自分より恵まれているのではないか、と探りを入れてしまうものです。

たとえば、勤務時間はどうか。残業が連日あったりする自分に比べ、友人は残業などあまりないのではないかとか、土日は完全に休みになるかとか。職場の雰囲気はどうだろうか。嫌な上司がうちにはいるけれど、相手の職場はどんな雰囲気なのか。

仕事の内容も気になるところです。一日中、得意先回りをしている自分に比べ、友人のほうは、一日ゆったりデスクに座って仕事をしているのかな、といったこと。そんなことを比較しても意味ないのですが、自分が損をしているのではという疑心暗鬼から、ついつい聞いてしまうのでしょう。その結果、自分が損な仕事を選んでしまったとわかっても、当面どうすることもできませんから、ますます無意味な詮索になってしまいます。

反対に、自分より厳しい労働条件で、低い賃金で働いている人たちの話をテレビなどで見聞きすると「ああ、大変そうだね」といいながら、「(自分のほうが、まだましかもしれない)」と内心ホッとしたりします。仕事というものは、外部から見るのと、実際にその職場、条件で働いた現実とは大きなギャップがあるものです。

88 仕事はなんでも「楽あれば苦あり」

私も、「精神科医の先生は、ストレスはないのでしょう?」などといわれますが、はっきりいって、ストレスのない仕事など一般的には考えられません。私も現役のときは毎日ストレスを感じていました。精神科医でも「うつ病」気味になることもあれば、小さな問題で腹を立てることだってあります。

たとえば、華やかで楽しそうに見える、テレビタレントや俳優さんたちの仕事なども、実際に働くとなると、大変な部分がたくさんあると思います。収入がたくさんあっても、衣装代や社交費などの出費がかさむといった話もよく耳にします。

また、身分が安定しているから一生涯安心だろうと思える公務員も、昨今では、行政改革とか、人員削減などという声も高まって、「親方日の丸」とばかりもいえなくなっています。

国会議員など落差が激しい仕事の最たるもので、ついこの間まで年収二二〇〇万円、文書費は年に一二〇〇万円使い放題だった議員さんが、一度落選すると、なんのつてもない失業者になってしまいます。

土曜日も仕事をしなければならなくて、土日が必ず休みになる友人のことをうらやむ人もいるでしょうが、当の友人は土曜日に仕事がないぶん、収入が少なくて困っているかもしれません。『王子とこじき』という話がありましたが、お互いが立場を入れ替えてみると、それぞれ大変な部分があることがわかるものです。

やはり「自分は自分」というペースを保ち、人がやっていることはあまり気にしないことです。

89 「一笑一若」の習慣が毎日を楽しくする

昔から「笑う門《かど》には福きたる」といわれています。笑うことが「いい人生＝幸福」につながるということを芸人は経験から知っていたのでしょう。

人付き合いでも、「あの人はなんとなくいい人だ」といわれている人は、まず間違いなく「よく笑う人」です。

たいていの場合、「よく笑う人」は「人を笑わせる人」でもありますから、なんとなく印象がよいのです。印象がよい人には、人も集まるし、「いい情報」も寄ってくるのでしょう。ますます周囲が明るくなり、好感度も高まります。

私も「一笑一若《いっしょういちじゃく》、一怒一老《いちどいちろう》」という言葉を座右の銘としています。「銘」といっても私の造語ですが、「大いに笑えば一歳ずつ若返り、怒ったり悲しんだりすれば一歳ずつ老いていく」、だから笑いましょう、という趣旨です。「笑う年寄りには若さがきたる」というところでしょう。笑うということには健康への波及効果もあります。

アメリカのとある大学で、大学生を被験者にしてテレビのコメディ番組を見せて血液検査をする、という実験をしました。

その結果、笑うと体の免疫力に関わっているT細胞と抗体が増加したというのです。免疫力が高まりますから、細菌やウイルスへの抵抗力が強くなり、病気にかかりにくくなる＝健康が増進する、ということになります。

よく人を笑わせる、明るいタイプの人に周囲の人が寄ってくるのは、そういう効果を感じているからかもしれません。

加えて、笑うことは胸の横隔膜を大きく動かします。これによって、大きく深い呼吸をすることになります。深呼吸をすると、楽しいイメージが頭の中に広がる、という状態になるわけです。

笑うためには「お笑い番組」を見るのもいいし、ユーモア小説を読むのもいいでしょう。仲間とジョークを飛ばし合うというのもコミュニケーションを深める意味で非常にいいと思います。

「一日一笑」を心がけて、面白かったことをメモしておくのもいいでしょう。そんなメモを友人たちとメールなどで交換するのもいいですね。

90 「笑う」から、こころが楽しくなる

笑うことが健康にもいいし、人間的にもいい影響をもたらしてくれる、とわかっていても、「私は漫才など見ても笑えない」という人がたまにいます。そんな人でも大丈夫。面白くなくても「笑えばいい」のです。

アメリカの心理学者・ウイリアム・ジェームスが提唱している説が有名です。「楽しいから笑うのではない。笑うから楽しいのだ」というのです。

職場につまらないダジャレを飛ばす上司がいたりすると、どんなにつまらなくてもお追《つい》従笑《しょう》いのように笑うこともあるでしょう。最初は嫌々笑っているふり、面白がっているふ

りをしているのですが、それが度重なるといつの間にかほんとうに笑いはじめてしまうものです。

お義理で笑ったとしても、笑っているうちに、いつの間にかこころから楽しくなって、ほんとうの笑い声が出てきます。これはすぐに実践できることですから、ぜひやってみることをおすすめします。たとえば、駅のホームにたどりついたら目の前で電車のドアが閉まって、発車してしまった、というときなど、「ハハハハッ！」と軽く笑い飛ばすのです。どうせ、そんなとき、ホームに人はほとんど残っていないのですから、だれはばかることなく笑えばいいのです。これで、気分が爽快になること請け合いです。ここで「しくじった！」と「苦い顔」をすると、気分まで「苦く」なってしまいます。その状況を素直に受け入れて、さっさと気分を変えて「明るい顔」に切り替えたほうがいいわけです。

91 「自分はニコニコしている人になろう」と決意する

父・茂吉は、歌人であると同時に斎藤脳病院の二代目後継者でした。病院を維持するために大変な苦労もし、養子というつらい立場もあってか、いつも苦虫をかみつぶしたような顔をしていました。その上短気でしたから、家の中も病院でも、みんな父を刺激しないようにピリピリしていました。

私はそれを見ていて、「自分はいつもニコニコしている人になろう」と思いました。それが、私がいつもニコニコしている理由です。腹が立ったときもメモに怒りをぶつけて、顔ではニコニコです。そうやってニコニコしているうちに、気持ちも晴れて、つねにニコニコしていられるようになるのです。

前出のウイリアム・ジェームスは、「人は悲しいときに泣く。しかし、泣いているとまた悲しくなるものだ」ともいっています。悲しいとき、つらいときにも「一笑」する。これが自分が置かれた状況を受け入れながら乗り越えていく秘訣だと思います。大きな声で「ワッハッハッハ!」と笑ってみてください。

92 けなすもほめるも他人のいうこと

勝海舟は、一八二三(文政六)年一月三〇日に、江戸の本所亀沢町(現墨田区両国)に生まれました。幼名を麟太郎《りんたろう》といい、本名は、何度か改名もしましたがもっとも知られている名では勝安芳《やすよし》といいます。海舟は号です。

勝の面白いところは、幕末の幕府内のようすなども克明に記された『氷川清話』のような歴史書にも匹敵するような文書を残しているかと思うと、長崎の海軍伝習所時代には、三回も落第しているという浮き沈みがあることです。

一八六〇年には咸臨丸で、アメリカに渡っているのですが、一説によるとひどい船酔いで、指揮は同乗した外国人船員にまかせっきりだったともいわれています。この失敗のせいか、その後しばらく閑職に追いやられています。

ようするに、すごい逸材なのですが、非常に人間的な面も見せる、身近な感じの人だったということが読みとれます。

幕府時代にも、再び軍艦奉行にまで就任したりと、立ち回りもうまいところを見せます。これは、明治政府になってからも、相変わらずで、勝安芳の名前で伯爵となり、枢密院《すうみついん》顧問、海軍卿《きょう》にまで抜擢《ばってき》されました。

この件では、福沢諭吉が「武士は二君に仕えず」という武士道精神にもとる、という批判があるがどう思うか、と問いただしたことがあります。

それに対して、勝は、

「行蔵《こうぞう》は我に存す。毀誉《きよ》は他人の主張、我に与《あず》からず我に関せず存じ候《そうろう》」

つまり「私の生き方、言動は私の問題。けなすもほめるも他人がいうことで、私にはかかわりがないことです」というのです。

ずいぶんと自信に満ちています。「二君に仕えず」などと今さら細かいことをいいなさんな。日本の未来をどうするかが問題だろう」という、勝の割り切りぶりが見事といえるかもしれません。

これも、きっと細かい分析があってのことで、裏づけもじつはきちんと考えてから発言しているのではないかと思えます。すべて、国のため、人のためという価値観が、きっちりできあがっているな、と感じます。

私も、身を振り返って、何十冊もたまった山のようなメモを、もう少し世の中に役立てようかな、と思ったりしています。

中には終戦後の物価など、記録的な価値があるメモもたくさんあるのです。それが、どれほど人のためになるのかはわかりませんが、きっといつか、なにかの足しになる、そう期待しておきましょう。

93 メモをするたび、ワクワクが増えていく

私が子どものころから一日も欠かしたことがないのが日記です。

青山の自宅にあった戦前のものは、終戦まぎわの空襲ですっかり焼けてしまいましたが、戦後のものはそっくり残っています。

日記用の手帳に書いているのは、まず毎日の天気。これは、朝起きたらすぐに書きます。私のメモはすぐに書くことが身上ですから。

それでは、午後から雨になったらどうするのか、あとで「午後雨」と書き加えればいいのです。どうです、簡単でしょう。いわば、実況中継型の日記といえるかもしれません。なにしろ、朝、空を見たら、天気を書き込み、習慣になっている体重測定をして、これも書きます。

その日によっては、それから一日夜中まで忙しいこともあるので、天気と体重しか書かれていない日もありますが、書き忘れはないのです。

よく、日記を一週間ぶんまとめて書くような人もいますが、私は反対にそれはできません。あとで、思い出して書くほうが手間はずっとかかると思います。

夜、ソファーでリラックスしながら、毎日のようにテレビを観ますが、その間もメモは欠かしません。

ニュース番組で、全国の出生率が「一・二九」になった、それで、年金法改正の根拠にされた「一・三二」を下回ってしまった、という話題が伝えられたりすると、すかさずメモです。

こういう数字は、講演会などで利用することができるので、必ずメモをしておきます。ちょっとした数字を紹介すると、講演の中味が豊富になりますから。

日本で百歳以上の人が二万人を超えたとか、そういった具体的な数字や最近の話題を話すことで、講演の内容が面白くなります。

テレビでは、旅行ガイドの番組もよく観ます。旅行ものは、日本の温泉の中でも秘湯と呼ばれるところとか、海外なら中東あたりとか、アジアの珍しいところとかの紀行が好きです。

テレビを観ながらワクワクしてメモを書きつづけている感じです。これは、もちろん、テレビで観てメモをしてそれで終わりというのではなく、現地に行ってみるための下調べのようなつもりです。

94 嫌なことは「書いて忘れる」

「メモ」することは、だれでもはじめられる「いい習慣」だと私は考えて、おすすめしています。メモには記録を残す働きもありますが、もうひとつ「忘れる」という働きもあるのです。

それは、人に対して怒りや憤り《いきどお》を感じたときに、とにかくメモにそのことを詳しく書く方法です。他の人にいうことができない上に、自分一人では抱え込みきれない家庭内のうっぷんや悩みなどは、メモにその不満を吐き出してしまえばいいのです。もちろんメモは人に見られないように、のちのち捨てることが前提ですが。

このメモは手帳などではなく、広告やチラシの裏側などでもいいのです。そこに、「何月何日、私はこういう目にあって、今、非常に腹が立っている」といった原因や経過をメモします。

メモをすると、それだけでどんな怒りも少しはおさまるものです。書いているうちに、その怒りを客観的に見ることができるようになります。書いている最中にも、そのことが大したことではないと思え、可笑《おか》しく感じることもあります。そのメモは少ししまっておいて、何日かあとに読んでみます。すると、「ああ、私はあのとき、こんなつまらないことで腹を立ててケンカをしてしまったのか」と省《かえり》みることができるのです。

母が健在だったころには、私も、よく母に対して腹を立てていました。母は、天衣無縫《てんいむほう》な性格で、やりたいことをどんどんやる人でした。私は家族の中では母との調整役になり、いつも苦労をしていた記憶があります。

あるときは、いただきもののシュークリームを、食後に家族みんなで食べようと楽しみにしていました。ところが、夕食後に箱を開けてみると、なんと、「シュー」のフタの部分がすべてなくなっていたのです。この犯人は予想通り母で、まったく悪びれることもなく「ああ、それ私が全部食べちゃったのよ。残りはみんなで食べてちょうだい」といってのけたのです。

でも、そんなことも今となっては笑い話です。そのときには、「この怒りどうしてくれよう」というくらいに腹を立てましたが、冷静に考えると、「母はそういう人だ」ということに落ち着くのです。

このように、どんなに嫌なことでも、つらいことでも、ときがたてば「つまらないこと」だと思えるようになります。「忘れるためのメモ」はそういうときに抜群の効果を発揮します。あとから読んで、腹が立ったときの自分の感情を自分で分析してみますと、自分の人間としての「器の大小」が推し量れたりして、なかなか面白いものです。

95 自分に向いた「好奇心」は、必ず見つかる

私がおすすめする「忘却」によるストレス対策は、その基本になっているのが「好奇心」だということはおわかりいただけるでしょう。「趣味はない」という方でも、「好奇心」は必ずお持ちのはずです。少しだけ好奇心を働かせれば、新しい発見があるのです。

ご紹介した「メモ」も、なにかに好奇心を持つために有効です。なんにでも「好奇心」を働かせメモをとるというわけです。「観察する好奇心」も「メモ」とも関連して、身近なもので刺激してやることができます。

とくに「旅行」は、その過程も、目的地での経験も、すべてが好奇心を刺激してくれます。

「旅行時の好奇心」は、尽きることがありません。だいたい旅行にハプニングはつきもので、その意外さも楽しみのひとつです。飛行機が遅れて一晩待たされたなどというのも、好奇心への刺激だと思えばよいのです。

こうして「好奇心」を刺激していくうちに、興味を引かれるものがいくつか見つかるの

ではないでしょうか。

四つめの好奇心として「没頭できるものへの好奇心」が「メモ」「観察」「旅行」についであげられるでしょう。なんにでもチャレンジする好奇心、と換言することもできます。

そう、「好奇心」とは究極的にはチャレンジする「こころ」なのです。

なんでもメモして観察していくうち、「これを観察しているとストレスもなく、なにもかも忘れられる」という対象が見つかるはずです。

96 好きなことについてはなんでも記録します

私にとって、この「没頭できる好奇心」の中でいちばんなのが「飛行機」です。飛行機に関することであれば、私は、いつでもそれに没頭することができます。そして、没頭しているあいだは、その他のことはすべて忘れることができるのです。

自分の部屋にある本物の飛行機の座席に座って「飛行機」の雑誌を眺めていれば、それだけで、煩わしいこと、とりあえず忘れたいことはなにもかもどこかに飛んでいってしまいます。

私が最初に飛行機の魅力にとりつかれたのは、十五歳のとき。母に連れられ立川の陸軍飛行場で、フォッカー・スーパー・ユニバーサル機に乗せてもらったことがきっかけでした。六人乗りの小型機です。当時、羽田空港などはまだできていなくて、日本初の航空会社として日本航空輸送株式会社（日本航空の前身）ができたころです。

当時、最新型だったこのフォッカー機は、ガラス張りの密閉式操縦室に金属のプロペラという斬新なものでした。この飛行機に乗ったことが、私の「好奇心」に火をつけてしまったのです。それからというもの、今に至るまで、旅行や仕事の出張などで飛行機に乗るときは、いつも大変な興奮状態です。

まず最初に、乗る飛行機の機体番号を調べます。飛行機には自動車などと同じように、一機ごとに番号がつけられているのです。これにより、その機体がどんな風に使われてきたのか、自分が過去に乗ったことがある機種かどうかなどがわかります。機内に入ったらシート番号なども チェックします。

メモはかさばらないので、すべて記録しています。機内でアナウンスされる機長や搭乗員の名前、離陸のためにエンジンが始動しはじめた時間、機体が動きはじめた時間、滑走路に入った時間、離陸した瞬間の時間などなど、きりがないですがすべて記録します。

どうしてそこまで、と思う方もいるかもしれませんが、とにかく、こうして好奇心を発揮しているうち、そのことについて人より詳しくなるものです。それが結果的に「趣味」になるのだといえるでしょう。

97 「自分史」であるがままを受け入れられる

最近、「自分史」がブームになっているそうです。自分の「半生」、生きてきた歴史を、文章にして残すということで、これは大変いいことだと思います。

とくに、戦争を経験した世代が、自らのさまざまな体験をきちんと記録するということは、二度とあのようなおろかな戦争を起こさないためにも大切だと思うのです。

「自分史を書きましょう」といっても、いきなり文章を書ける人はまずいません。私自身は、とりあえず戦後の日記を引っぱり出せば、そこにはまざまざと当時の生活ぶりが記されていますから、そこから「自分史」を書き起こすことはそれほど大変ではありません。

けれども、たいていの人はそんなに緻密な日記も書いていないし、記憶も定かではないでしょう。そのために、「自分史の作り方」というノウハウがあるそうです。

まずは、自分が生きてきた年表を作り、そこにいろいろな記憶の断片をメモとして書き込み、文章の下書きのような「設計図」を書くという段階を踏むと書きやすいそうです。

確かに、生まれた年から、何年にはなにがあった、と書き込んでいくと、おおまかな自分の歴史が見えてきます。どんな人にも、小学校、中学校などの学校の経験から、社会に出たときのこと、結婚したときのこと、昇進、地方出張など、ないようでもいろいろな出来事があるものです。

その「設計図」を作っている段階でも、思い出したことはなんでもメモしていくことが秘訣だといいます。私は、ふだんからすべてをメモしているので、ネタにはこと欠きません。ネコが子どもを生んだことまで書いてあります。

終戦、メーデー事件、六〇年安保など、社会での出来事と並べていくと、自分の生き様も見えてくるでしょう。

こういった歴史的な資料は図書館などで閲覧できるので、図書館通いをすることが日課になったりすれば、軽い運動にもなり健康にもいいのです。

大切なのは、家族や親戚などの「証言」を得ること。自分の記憶というものは、調べてみるとわかりますが、かなりあやふやなもの。思い違いや思い込み、誤解がかなりあるものです。

あれは、あの人がこういったからこういう行動をとったのだ、といった理路整然としているように思える記憶も、事実関係が混同されていたり、まったく見当はずれだったりすることもあります。私の経験からいっても、自分の思い込みが記憶に与える「間違った」影響というのは、かなり大きいようです。

そんなわけで、第三者の記憶も参考にしながら、自分の歴史を作り上げるのです。これは、「縄をなう」ようなもので、一本の藁《わら》ではなく、五本、一〇本の藁をなって、さらに太くなった三本の藁をないあげるといった感じで進めればいいのです。

思えば、人生も細くて切れやすい一本一本の藁の集合体のようなもので、一人ひとりの経験など、とるに足らないものであるのに、それが集まることで、これまでの「歴史」ができあがっているのだなあ、と感じます。

「自分史」なんて、私はそんな大それた仕事もしていないし……と謙遜する方ほど、恐らく、後世に残すべき経験をされているのではないかと思います。これも、ぜひみなさんにチャレンジしていただきたいと思います。

98 手を動かして書き、頭も使う健康運動をとり入れよう

私が子どものころから日記を書きつづけているというお話はすでにしました。この日記は、終戦まぎわの空襲で焼けてしまったわけですが、やはり、一度日記に書いたことは、記憶のどこかに残っているものです。

子どものころに、父や母に対して抱いたいろいろな感情を、昨日のことのように覚えているのも、日記のせいではないかと思っています。

私の日記の書き方はちょっと変わっているかもしれません。まず、天気、体重などのその日のデータを最初に書きます。一日が終わってから、夜中に書くのではなくて、朝、これだけのデータを書きます。結果的に、その日忙しくて一日ぶんこのデータだけしか書かなかった、ということもあります。

その日の天気を書くのは、子ども時代からの習慣です。とくに理由はありませんが、あの日の天候はどうだった、とあとから見てすぐにわかるので便利です。それから体重の記録は、私の健康状態を管理するためのものです。体脂肪率といっしょに毎朝計って、家内に報告します。体脂肪率は、娘が買ってくれた「体脂肪率計付体重計」で体重を測るときにいっしょに測っています。

なにしろ日記というものは、一日の終わりにその日を振り返って書くものだと考える人が多いようです。けれども、私は一日の終わりに日記を書く必要はないと思います。一日の終わりにまとめて書こうと考えたりするから、いざ、夜中になると忘れてしまって書くのがおっくうになったり、「明日、二日ぶんいっしょに書こう」などと先送りすることになり、いつの間にか書かなくなってしまうのです。

とにかく、朝起きたら天気を見て、そのことを日記にさっそく書けば、当然、日記を書き忘れるということはなくなります。午後にでも天気が変わって雨になったら、「午後以降、雨」と書き足しておけばいいのです。

日中、人とお会いしたら、「××さんとどこそこで会った。こんな話をした」とその場ですぐに書きます。私の日記は、メモ帳兼用なので、新聞や雑誌に面白い記事があったら、切り抜いて貼っておきます。気に入った外国の風景写真や飛行機の写真なども、切って折り畳んではさんでおきます。

そんなわけで、一年間が終わってみると、手帳は五、六センチくらいの厚さになっているのです。この分厚くなっている日記兼メモ帳が、空襲で焼けた戦前のもの以外は終戦当時に持っていたものからすべて保管しています。

日記は、とくに定年でリタイアした方にとって、脳を活性化するのに最適です。ワープロなどでなく、手書きで書くことをおすすめします。

手で文字を書くということ自体が、脳を活性化させる役割を果たすので、日記の内容をいろいろと考えることに加えて、手を動かして書くことでさまざまなメリットがあるはずです。「あの漢字を忘れている」などということにも手書きだとすぐに気づいて、思い出す努力をしますから、忘れにくくなります。そんなわけで、私はみなさんに「日記を書きなさい」とすすめているのです。

99 こころのしこりも溶かす「日記の効用」

私にとって、日記はタイムマシンでもあります。一〇年前、二〇年前の出来事が、日記を読み返すと鮮やかに浮かんできます。「一〇年前の〇月×日に、こんな集まりがあったんだ」などと、その瞬間にタイムトリップして楽しむことができます。日記は、精神医学の分野でも治療のひとつとしてとり入れられています。

有名な精神療法として知られる「森田療法」では、軽いこころの障害である神経症の療法として日記を活用しているのです。患者さんにその日の出来事を自由に書いてもらい、主治医がそれを読んでこころの治療に活かしています。

神経症には、不眠、肩こり、頭痛などのちょっとした不快な症状が固定化したり、対人恐怖症や不安神経症など人とのコミュニケーションや社会生活の妨げになったりする症状などさまざまです。この病気の患者さんは、周囲には症状が気づかれにくいために一人で悩んでしまうことが多いのですが、日記を書くことでこころの中のしこりとなりつつあるストレスを見つけて、対策を講じることができるのです。

当然、最初は主治医が読むということで、ほとんどの患者さんが堅苦しい表面的なことしか書かないのですが、そのうち、主治医の指導で、自分が思ったことを素直に書き記せるようになると、こころの奥のしこりもだんだんに溶けていくのです。

パソコンの文書が全盛ですが、パソコン文書からは感情を読みとることは困難です。手書きの文字なら書き方によってそのときの心情やこころの状態を推し量ることもできます。

日記の文章を手書きしていると、自分でも「あの日はこういう気持ちだったから、字にあらわれている」ということがわかります。書くことだけで、ずいぶんと気持ちが軽くなることも読みとれます。あとから自分の言行を反省したり、楽しんだり……さまざまな効用があるのです。

いわば、日記はそのときの自分の「あるがまま」の姿なのです。自分が書いた日記を「否定」することなどできませんから、自分という存在を、「あるがまま」に観察して素直に受け入れさせる、そんな働きを日記はしていると思います。

100 欲望より「夢」を持ちましょう

「粗食のすすめ」とか「シンプルな生活」がダイエットにもなり、よぶんなストレスも少なくてよい、とする書籍が売れているそうです。戦中派としては、あのころほど「粗食」でも「シンプル」でもないだろう、とは思いつつも、世をあげて「豪華な食生活」「電気洗濯機、テレビ、電気冷蔵庫の三種の神器」にあこがれた六〇年代の高度成長期から比べると、これもひとつの進歩なのか、と感じます。

だいたい、「電気冷蔵庫」ではない冷蔵庫など、見たことがない人が増えている。しばらく前は、冷蔵庫は電気式ではありませんでした。氷屋から買った大きな氷を入れて冷やす冷蔵庫が使われていたのです。

高度成長を目指して、日本は成長を遂げ、ついに世界でもトップクラスの経済大国になりました。いわば、「成功した国」ということがいえるのでしょう。けれども、それを維持するのがこれまた大変です。

歴史を振り返ってみても、ヨーロッパで権勢を誇った国は、ローマ帝国、フランク王国、スペイン王国、大英帝国……と次々と変遷してきました。かつての大帝国だった国が、その権勢におぼれて没落し、他国に侵略されたり、植民地を奪われたり売却したりして、今では一小国になっているのです。

人間も、いつまでもよいときばかりはつづきません。「若さ」も「よいとき」の代表だと思います。若いころには、いつまでも若いつもりで生きていますが、五十歳、六十歳になると、若いころにこういうことをもっとしておけばよかった、という後悔の念が頭をもたげてきます。

私は青年期を戦争と戦後の混乱期に過ごしましたから、なにかをやりたいと思ってもできない時期でしたが、今ならどんなことでもやろうと思えば実現可能です。そんなわけで、私としては「成功しようという欲望」より、「夢」を持ちなさいとおすすめしています。

よりよい職業、よい結婚相手、よい収入、よい生活といった「成功」を目指すこともけっこうですが、あとで振り返ったときに「それでよかったのだろうか」と物足りなさを感じる人が多いのです。

思うに、そういう人は「夢」を実現しようとしていたのではなく、「まわりに合わせよう」とか、「友人より上をいこう」といった考え方で「成功」を求めた傾向があるのです。そんなときでも、「夢」を目的にしていれば、ひとつの「夢」を達成するというプロセスそのものを楽しむことができます。

「よい収入」「よい生活」といった欲望はきりがなく、いつまでも満足できなかったりします。けれども、たとえば「エベレストでスキーをしよう」とか、「エジプトのピラミッドに登ろう」といった具体的な「夢」が目的なら、そのために仕事にいそしみ、お金を貯めていけば、いつか、その「夢」を実現できるという喜びがあるのです。「夢」の実現のためであれば、毎日の憂《う》さも「夢」のパンフレットでも眺めることで軽減できるのです。

本書は『人生を支える101の言葉』（文庫判、二〇一一年刊行）、『人生を見つめる70の言葉』（文庫判、二〇一〇年刊行）の内容を再構成し、一冊にまとめたものです。

著者紹介

斎藤茂太　1916年、歌人・斎藤茂吉の長男として東京に生まれる。精神科医・医学博士。精神神経科斎藤病院名誉院長をはじめ、日本精神科病院協会名誉会長、アルコール健康医学協会会長、日本ペンクラブ理事、日本旅行作家協会会長などの要職を務めた。ユーモアと人間味あふれる人生論やエッセイは、多くの読者に感動を与え、2006年11月に没後もなお、ロングセラーをつづけている。

カバーイラスト…山口みれい
本文デザイン…岡崎理恵
本文ＤＴＰ…センターメディア

幸《しあわ》せを考《かんが》える100の言葉《ことば》

2017年２月10日　第１刷

著　　者　斎《さい》藤《とう》茂《しげ》太《た》
発 行 者　小澤源太郎

責任編集　株式会社 プライム涌光
電話　編集部　03(3203)2850

発 行 所　株式会社 青春出版社
東京都新宿区若松町12番１号 〒162-0056
振替番号　00190-7-98602
電話　営業部　03(3207)1916

印　刷　共同印刷　　製　本　大口製本

万一、落丁、乱丁がありました節は、お取りかえします。
ISBN978-4-413-23029-2 C0011

なぜ、いちばん好きな人とうまくいかないのか？

ベストパートナーと良い関係がずっとずっと続く処方箋

晴香葉子

終末期医療の現場で教えられた

「幸せな人生」に必要なたった1つの言葉〈メッセージ〉

大津秀一

その英語、ネイティブはカチンときます

デイビッド・セイン

アメリカ抗加齢医学会の新常識！

老化は「副腎」で止められた

心と体が生まれ変わるスーパーホルモンのつくり方

本間良子　本間龍介

1時間でわかる省エネ住宅！

夢を叶える家づくり

本当に快適に暮らす「パッシブデザイン」の秘密

高垣吾朗

青春出版社の四六判シリーズ

すべてを叶える自分になる本

魂が導く「転機」に気づいた瞬間、求めていた人生が動きだす！

原田真裕美

中学受験は算数で決まる！

西村則康

子宮を温める食べ方があった！

定真理子　桑島靖子

子どもの心と体を守る「冷えとり」養生

今津嘉宏

本当は結婚したくないのだ症候群

「いつか、いい人がいれば」の真相

北条かや